願陪着你

願陪着你

從遺書尋找預防自殺的啟示

葉兆輝、張鳳儀　編

HKU PRESS

香港大學出版社

香港大學出版社
香港薄扶林道香港大學
https://hkupress.hku.hk

© 2022 香港大學出版社

ISBN 978-988-8754-18-2 (平裝)

10 9 8 7 6 5 4 3 2 1

陽光 (彩美) 印刷有限公司承印

目錄

圖表

圖

表

序

　　自1997年香港回歸祖國後，我被委任為第一屆特區政府的律政司司長，作為首批落實一國兩制的政府官員，投身公共服務。當時香港正面對不少的挑戰，政權移交不久後就遇上亞洲金融風暴所引發的經濟危機，香港失業率不斷上升，市民的精神健康受到很大的衝擊，自殺率也有明顯增長，情況令人憂慮。

　　時任特區政府非常關心事件，行政長官董建華先生親自委託當時的社會福利和衛生局局長楊永強醫生處理事件。當時我與港大的一群學者在律政司官邸就香港當前的自殺情況進行交流，商討對策。透過香港賽馬會慈善信託基金的捐助和政府部門的政策配合，香港大學香港賽馬會防止自殺研究中心於2002年中成立。感謝香港大學社會科學學院的葉兆輝教授首當其衝，擔任首屆的總監，他聯同幾位著名的學者，如陳麗雲教授、陳友凱醫生、馬宣立法醫、Karen Laidler 教授等成立一個跨界別的專業團隊，由羅亦華博士出任項目總監，為香港防止自殺工作出謀劃策，以實證為本的方法，作出有效的干預。而中心也邀請我成為國際防止自殺委員會一員，其他成員包括來自世界各地的防止自殺權威。例如美國紐約羅徹斯特大學（Rochester University）的 Eric Caine 教授，他多年來對研究中心的支持，也成為了我們的好朋友。

　　今年研究中心踏入第二十年，十分感謝葉教授及其團隊的貢獻，守護着香港每一個生命。他們在過去，不單堅持在大眾媒體宣講精神健康的重要性，還有在社區、學校等推廣防止自殺的計劃。在研究中心團隊和各持份者的齊心努力下，香港的自殺率得到明顯的改善。另一方面，我亦感謝不少有心人對防止自殺的關注和支持，使中心能得到足夠的營運資金去發展其研究和教育工作。自殺事件一宗都嫌多，但是對於研究中心的付出及貢獻，於國際學術界，以至內地、本港的防止自殺工作，例如：防止老年人燒炭、青少

年和天水圍區的自殺原因和傾向等，都能獲得肯定且屢被嘉許，實在十分欣
慰。

　　最後，祝願香港大學香港賽馬會防止自殺研究中心繼續為香港市民服
務，把研究成果分享至國際。

國際防止自殺委員會主席
梁愛詩女士

序

　　作為大學校長，我深信大學是科學研究和文化傳承的殿堂，亦是孕育和探索新知新識的搖籃；作為科學家，我重視創新改革，以實證去求真和實踐。二十年來，香港大學香港賽馬會防止自殺研究中心依據社會科學理論，探求實證，在防止自殺和精神健康的研究上作出很多務實的貢獻。中心與世界衞生組織（World Health Organization）和國際防止自殺協會（International Association of Suicide Prevention）緊密合作，根據本地和亞太區防止自殺項目的經驗，發表不少重要的學術文獻，得到國際學術界的肯定和嘉許。中心亦一直關注預防本地學生自殺的工作，積極參與本地的防止自殺項目，並將研究成果直接運用到實際的輔導工作上，為香港和國際社會帶來新思維、新影響。

　　本書通過故事形式去探討自殺議題，溫情地闡述個案，並提供合適的工具和資訊，教導讀者如何從死胡同中找到希望，以正念善行提升精神健康，以及如何化身守護天使照顧身邊人等。期盼讀者在閱讀故事之時得到鼓舞，並且感受到研究中心團隊的努力和誠意，與我們一起竭力守護精神健康，互勉互勵，互相扶持。

　　欣逢香港大學香港賽馬會防止自殺研究中心成立二十周年紀念，本人謹代表香港大學衷心感謝香港特別行政區政府與香港賽馬會慈善信託基金，以及諸位大力協助防止自殺工作的朋友和善長，在多年來鼎力支持，給予鼓勵；另外，感謝葉兆輝教授及其團隊，全力推動研究中心不斷向前，積極為香港服務，提倡精神健康的重要性，使香港成為一個互愛共融的城市。

香港大學校長
張翔教授

自序

　　很久很久以前，有一個人在沙灘上蹲下，再站起，撿起那被潮水沖上來的海星，然後用力拋回海裏去。他之後再蹲下、撿起、站起、用力拋、再蹲下、撿起、站起、用力拋……如是者，不斷的，無間斷地把被潮水沖上岸的海星，一一拋回海裏去。

　　有人經過，充滿疑惑地問：「海灘上有成千上萬的海星，你根本不可能把牠們全丟回海裏去啊！更何況這麼長的海岸線，沙灘一個接一個，每天有數不盡的海星被沖上岸呢！你所做的根本作用不大，倒不如省省力吧！」

　　那人沒有理會，繼續撿起另一隻海星，一邊拋一邊說：「如果不把這些海星送回大海去，牠們很快便會因缺氧而死去。我雖然未能拯救全部海星，但起碼我改變了這隻海星的命運啊！」

成為拾海星的人，拯救每一個寶貴的生命

　　我想做的就是那個拾海星的人。即使個人能力有限，我還是抱持尊重生命、關懷別人的信念，以認真的態度，在防止自殺的工作上努力，因為我深信每一個生命都是寶貴的。

　　每當接觸自殺遺屬時，我的心情都會被觸動，無論是作為自殺者的子女、妻子或丈夫、父母、又或摯友，他們都承受着很多痛苦。這些切身的體驗，促使我和本中心的同事們更加努力，去尋找更多有效方法防止悲劇出現。自殺者遺下一句：「我好攰，不想再連累你們，我不想再活了！勿念。」他滿以為一死可以一了百了，更叮囑家人朋友「勿念」。但有誰可以做到「勿念」？事實上，大家只能做到「勿忘」罷了！

經歷朋友自殺，決意從事自殺相關的研究工作

我也曾經歷朋友自殺，能夠體會自殺遺屬的感受。留學澳洲時，我認識了他。他為人十分隨和，個性比較沉靜，做事務實。我和他曾經有好一段日子彼此照應。1991 年，我獲香港大學聘用回港工作，因此彼此聯絡減少。數年之後，噩耗傳來，他在澳洲自殺過世了。我感到難過、心痛，亦充滿疑問，與他相處的片段不由自主地在腦海裏浮現，有種說不出的傷感。我想念起他的家人，感到他們的悲痛，生活再也不能如常，總是有所缺欠。當悲傷稍緩，我反問自己：「我可以從這次的事件中學習到甚麼？我可以做什麼去減少這些悲劇的發生？」

基於當時缺乏有關本地自殺個案的研究工作，我便跟同事們搜集了 1981 至 1992 年的自殺數據並作出分析，透過我的專業——人口統計學，了解數字與數字間的關聯，從組別與組別之間的關係來研究香港的自殺問題。在 1993 年，我發表了第一份有關香港自殺數據的文章（Yip & Yu, 1993），迄今為止已發表超過數百篇，這一切都是希望能用實証研究去制定出適切有效的防止自殺策略。

香港大學香港賽馬會防止自殺研究中心成立

1997 年過後，本港自殺個案不斷上升。2002 年，香港政府和社會上下都對情況感到焦慮，時任律政司司長梁愛詩女士邀請了數位學者到她官邸商討對策，我是其中一個座上客。席上，我答允在自殺個案數據上作研究支援，希望利用數字說話，從中找出防止自殺工作的策略。

同年 10 月，我們獲得香港賽馬會慈善信託基金贊助，得以成立香港大學香港賽馬會防止自殺研究中心，我亦被邀請成為研究中心的總監，帶領一眾有心的專業人士作跨部門合作。研究中心由精神科醫生、心理學家、精算師、輔導師、社工、教育學者及一眾研究員等組成，以系統方法收集政府各機構有關自殺行為的數據及資料，尋找有效防止自殺的方法，並加以研究有關識別自殺高危者的風險評估工具及制定相應的措施，予政府各部門和防止自殺的前線輔導機構作參考。本中心亦為醫生、護士、社工、教師、警隊、保安員、酒店職員等前線工作人員提供相關的培訓。

在過去二十年，香港不幸地有約二萬人因為自殺而結束了寶貴生命，受影響的遺屬可能就超過十數萬人。失去摯愛是一個不易癒合的傷口，但願「逝者已矣，生者如斯」，好好地生活下去才是紀念他們的最好方法。縱使研

究中心已踏入第二十個年頭，對於這個有血有淚的使命，同工們並沒有隨着歲月而動搖，我們仍然堅守着「尊重生命，自殺輕生者一個都嫌多」(one is too many) 這個信念。在此，我謹代表本中心邀請各位讀者與我們並肩，一起多走一步，成為彼此的守護者，跟所愛的人承諾「我願陪着你」，陪伴彼此渡過生命中每一個挑戰。

香港大學香港賽馬會防止自殺研究中心總監

葉兆輝教授

參考文獻

Yip, P. S. F. (1993). School children suicide in Hong Kong. *New Horizon, 34*, 116–121.

Yip, P. S. F., & Yu, A. (1993). Teenage suicide in Hong Kong 1981–1992: Age trend, time and geographical distribution. *Educational Research Journal, 8*, 32–39.

前言

共渡哀傷 · 攜手同行

一名母親疑因思念月前自殺的兒子，在家中同一窗口跳下，墮樓身亡；

一名成年女子在母親自殺地點懸樑自盡；

一對祖母和孫兒先後在同一個地點自殺；

一名受財務困擾的丈夫自殺數月後，太太因無法放下與丈夫分離的哀痛，和幾個孩子在房車內一同燒炭而亡⋯⋯

每天，香港社會也充斥着許多令人惋惜和傷心的自殺新聞，而每宗自殺事件背後，是家屬無法療癒的哀傷。自殺行為的傳染性很高（Joiner, 1999），因此切斷自殺傳播鏈是我們的當務之急，也是研究中心一直以來堅守的使命。

一人自殺，六人受創

自殺事件不單止是一個統計數字，更是一個生命的消逝，一個家庭永久的轉變，也是一個代表社會精神健康的壓力指標。美國著名的自殺學之父史奈曼（Edwin Shneidman）指出，每位自殺者會為身邊最少六至八位親友帶來不同程度的心靈創傷（Shneidman, 1969）。

香港人對於表達關愛，一般羞於啟齒，人與人之間的情誼總愛「在心中」。每一個自殺事件遺留的哀傷和痛苦，可能不止影響到八個人，而這份哀痛更不是年日所能沖淡，因它背後承載着無限的思念、內疚、自責、憤怒、遺棄、難過、孤獨、失落、彷徨、悲痛、無奈⋯⋯

因此，本中心在過去二十載一直積極尋找方法作出干預，以減少自殺事件的發生，並着力緩解自殺事件為家屬親友帶來的心靈創傷。

遺書背後：自殺者的無聲吶喊

這本書記載了本中心在防止自殺工作上的真實體會，包括遺書背後的故事、自殺不遂者的心聲，以及現今人們生活的唏噓。透過改編這些有血有淚的真實故事，我們希望可以提醒所有父母、老師、同學、街坊，以及網民們共同守護身邊的人，擁抱每個受傷的心靈，讓他們能有喘息的空間去沉澱反思，一步一步在我們的陪伴下走出陰霾！

同時，我們希望有意傷害自己的人，在閱讀本書後能三思再三思，了解終結生命並不一定能終結痛苦的事實。因為傷害自己並不能為你的煩惱畫上句號，反而只能為它打上省略號，使煩惱延續倍增，一直伸延到愛你的人或你愛的人身上。

請謹記你的生命是寶貴的，不要被煩惱打敗。請給予自己再多一次機會，給愛你的人多一次機會，打開心扉，主動求助，總有人「願陪着你」。請記着方法總比困難多，你不需要孤獨面對！

最後，在此引用著名物理學家霍金對抗頑疾時的信念——「只要生存，就有希望」來鼓勵你我。

共勉之。

香港大學香港賽馬會防止自殺研究中心培訓顧問
張鳳儀

參考文獻

Joiner, T. E. (1999). The clustering and contagion of suicide. *Current Directions in Psychological Science*, 8(3), 89–92. https://doi.org/10.1111/1467-8721.00021

Shneidman, E. S. (Ed.). (1969). *On the nature of suicide* (1st ed.). Jossey-Bass.

導讀：自殺行為及預防自殺的策略

張鳳儀

一、全球自殺現況

　　根據 2019 年世界衞生組織的報告，全球每年約有 80 萬人死於自殺，即每 40 秒就有一個人死於自殺，而一個自殺身亡的成年人起碼有 20 次或以上試圖自殺的經歷。自殺不僅發生在高收入國家，2016 年，低收入和中等收入國家的自殺人數實佔全球自殺人數的 79% 以上。值得關注的是，自殺亦是全球 15 至 29 歲年輕人死亡的第二大原因。因此，自殺是一個全球化的現象，是一個嚴肅的公共衞生議題，更是世界各國應該積極解決的問題（Yip et al., 2021）。

二、風險因素

　　自殺行為是一個複雜的現象，是個人、社會、心理、文化、生理和環境等多種因素相互影響而導致的（WHO, 2014）。在高收入國家中，有實證研究指出自殺與精神疾病（特別是抑鬱症和酒精使用障礙）之間存在一定的關聯性。然而，有更多自殺事件則是因遇上突發危機（如財務問題、感情破裂，或慢性痛症和疾病等），導致精神狀態嚴重崩潰，壓力超出承受能力而失去理性時所作出的衝動行為。此外，人們在經歷人際關係上的衝突、災難、暴力、虐待、喪親或背負着強烈的孤獨感，都跟自殺行為有密切的關係。而遭受歧視的弱勢社群（如難民和移民、原住民、性小眾、囚犯等）的自殺率也很高。自殺未遂亦是重大自殺風險因素之最。

表 0.1：與自殺有關聯的危險因素（WHO, 2014）

個人	人際關係	社區	社會	衛生系統
基因或遺傳因素	關係衝突、不和	創傷或虐待	與求助行為有關的羞恥感	獲得醫療服務方面的障礙
自殺家族史	感情破裂	歧視	不合宜的媒體報導	
慢性痛症	喪親	文化變遷與流離失所帶來的壓力	容易獲取自殺工具	
絕望感	被隔離	災難、戰爭和衝突		
失業或經濟損失	缺乏社會支持			
酒精使用障礙				
精神障礙				
自殺未遂的經驗				

三、自殺是可以預防

縱然有多項風險因素，自殺還是可以預防的。事實上，我們／政府可以透過社會和公共衛生系統、社區，以及人際關係和個人層面的配合，來制定出有效預防自殺的策略，例如：

- 限制有自殺意圖者接觸自殺工具的機會；
- 避免媒體煽動或對自殺事件作詳盡的報導；
- 建立以學校為本的策略；
- 制定酒精、藥物使用的政策；
- 及早介入，有效治療和照顧有精神病患、物質藥物濫用、慢性痛症，以及嚴重情緒困擾的人士；
- 提供有關自殺風險評估及管理的培訓；
- 跟進及提供社區支援予曾企圖自殺的人。

自殺是一個複雜的議題，其影響亦涉及社會各階層；因此，處理自殺相關的問題並不能依靠單一的策略來處理。反之，這需要社會上不同的持份者，包括醫療、教育、媒體、政府等界別，及大眾市民齊心協力，方可有效預防自殺（WHO, 2014）。

四、自殺行為有跡可尋

其實，大部分自殺個案都有先兆。由出現自殺念頭到計劃嘗試，甚或作出自殺行為，都是一個進程。據美國研究（Stoelb & Chiriboga, 1998; Nock et al., 2013）顯示，這個進程為期約一年多，我們只要能在此階段提升敏感度，多關心身邊人，便有機會避免不幸事件的發生。

持續約1年多

圖0.1：自殺行為進程

五、企圖自殺者的先兆或警號 (Suicide Prevention Resource Center, 2020)

1. 提及想自殺或傷害自己的念頭，甚至有所計劃
2. 搜尋自殺的方法，例如在網上搜尋有關資訊
3. 提及生存沒有希望，生命沒有價值
4. 表示自己正承受着極大的痛苦或困擾
5. 提及自己是別人的負累
6. 改變睡眠習慣，如不能入睡或不願起床
7. 躲避人群，孤立自己
8. 情緒反覆無常
9. 濫藥或酗酒
10. 寫遺書
11. 分派自己喜歡的物件予他人

增潤篇：自殺信號的迷思

1. 「聲稱要自殺的人都是找藉口去恐嚇身邊人，不會做的！」
   ➤ 有自殺意念的人，並非要獲取別人的注意力，反而這暗示他們需要被關心。

2. 「真正想自殺的人是不會告訴他人，根本無跡可尋！」
   ➤ 當然有部分自殺事件是一時衝動的行為，但大部分則如上文提及，自殺事件是一個進程，從萌生自殺念頭到行動，普遍是需要一段時間的。只要身邊人多加留意，就可以作出適時和適切的協助。

3. 「不要隨便跟身邊人談及自殺，這樣會刺激他們，驅使他們作出自殺行為！」
   ➤ 很多時候，有自殺念頭的人內心亦十分矛盾和忐忑，但只要他們能坦承面對自己，接納內心真實的情緒，就有機會轉變了。而沒有打算自殺的人是不會因為談論過自殺就付諸行動的。

4. 「一般人是不會隨隨便便就想自殺的！」
   ➤ 根據世衞的研究（WHO, 2014），自殺者很多時都是因為無法處理突如其來的危機，以致情緒崩潰，而作出不理性的自殘或自殺行為。因此，每一個人都應重視個人的精神健康，保持健康的作息及樂觀的心態，以及建立健康的社交關係，就能加強保護因素。

5. 「只是小事一則，為什麼會因此而自殺啊！」
   ➤ 每個人對事情的看法和感受都不一樣，作為身邊人，不應以批判的態度去評估對方，反之應發揮同理心，以將心比己的態度，嘗試理解對方所面對的困擾。

6. 「自殺過一次應該不會有第二次吧！」
   ➤ 自殺不遂者會有更高機會再次進行自殺行為。

7. 「抑鬱症的人才會作出自殺行為！」
   ➤ 患有抑鬱症的人士的而且確有較高機率產生自殺念頭。然而，並非所有自殺輕生者都患有精神疾病。

8. 「沒事的，他一會兒便會開心起來，不用擔心他的！」
   ➤ 感受會隨着環境而改變，而引發負面情緒的事情更應花時間去探討。我們應避免累積過量的負面情緒，同時應找方法適當地疏導。

六、拯救生命五部曲

自 2003 年，國際防止自殺協會（International Association for Suicide Prevention, IASP）與世衞合作，把每年的 9 月 10 日定為世界防止自殺日，希望提升世界各地對自殺及防止自殺工作的關注。為協助 IASP 的工作，美國預防自殺委員會（US National Council for Suicide Prevention, NCSP）發起「拯救生命五步曲」（Take 5 steps, 2020）的運動，希望邀請公眾一起為防止自殺而努力。

增潤篇：拯救生命五部曲

1. 認識求助信號
2. 盡己責任
3. 照顧好自己
4. 預備好求助途徑
5. 分享

https://www.take5tosavelives.org/take-5-steps

1. 認識求助信號

- 談及與自殺有關的用語
  - 在言談、社交媒體、文章或美術作品中表達死亡或自殺的意念
  - 尋找自殺方法（包括網上或實體）
  - 呈現反常的生理徵狀
  - 出現情緒變化／表現出顯著的情緒不穩
  - 行為異常改變
  - 認知功能減弱／負面思維

2. 盡己責任

除了留意身邊人有否出現自殺警號，我們平日還可以盡己責任，作彼此的守護者，如：

- 作為家長或監護人：
  - 先聆聽，並以同理心回應
  - 嘗試安撫子女／監護對象的情緒，及肯定他們自身的內在價值

- 作為照顧者：
  - 保持環境安全，避免讓被照顧者（尤其長者或長期病患者）輕易接觸可傷害自己的利器
- 作為朋友：
  - 可以耐心地陪伴在旁，讓他們知道身邊有人支持
  - 如有懷疑，可以直接查詢他們是否有自殺的意圖
- 作為教育工作者：
  - 不要只聚焦於學生學業成績上，應同時重視其身心發展
  - 對自殺警號應作出較深入的認識
  - 適時作出干預或協助
- 作為青少年：
  - 找信任的成年人協助，如家長、老師、學校社工等
  - 別作出任何衝動的承諾或行動
- 作為網友：
  - 小心自己的言詞，避免煽風點火及挑釁當事人的負面情緒
  - 鼓勵當事人求助
- 作為專業人士（警察、社工、醫生等）：
  - 將心比己地去執行任務
  - 以生命看待事主，而非一宗要處理的案件

3. 照顧好自己

- 關注自己的精神健康
- 建立有裨益的社交支援群組
- 花時間獨處，連結內在的自己
- 建立健康的生活習慣，如均衡飲食、作息定時和適量運動等
- 培養善行

4. 預備好求助途徑

- 把求助熱線／服務的資料（可參考附錄）放在當眼處

5. 分享

- 跟五個或以上的朋友、同學、同事或家人分享「拯救生命五部曲」，以讓更多人可以關注自己的精神狀態

參考文獻

National Council for Suicide Prevention. (2020). Take 5 steps. *Take 5 to save lives*. https://www.take5tosavelives.org/take-5-steps

Nock, M. K., Green, J. G., Hwang, I., McLaughlin, K. A., Sampson, N. A., Zaslavsky, A. M., & Kessler, R. C. (2013). Prevalence, correlates, and treatment of lifetime suicidal behavior among adolescents: results from the National Comorbidity Survey Replication Adolescent Supplement. *JAMA Psychiatry*, *70*(3), 300–310. https://doi.org/10.1001/2013.jamapsychiatry.55

Stoelb, M., & Chiriboga, J. (1998). A process model for assessing adolescent risk for suicide. *Journal of Adolescence*, *21*(4), 359–370. https://doi.org/10.1006/jado.1998.0164

Suicide Prevention Resource Center. (2020). *Warning Signs for Suicide*. http://www.sprc.org/about-suicide/warning-signs

World Health Organization. (2014). *Preventing suicide: A global imperative*. WHO Press.

World Health Organization. (2019). *Mental Health and Substance Use*. https://www.who.int/teams/mental-health-and-substance-use/suicide-data

Yip, P. S. F., Zheng, Y., & Wong, C. (2021). Demographic and epidemiological decomposition analysis of global changes in suicide rates and numbers over the period 1990–2019. *Injury Prevention*. https://doi.org/10.1136/injuryprev-2021-044263

第一章
我們的起源

葉兆輝　張鳳儀

一、成立

　　1997 年後，本港自殺個案不斷上升。時任律政司司長梁愛詩女士於 2002 年邀請了數位學者商討對策。作為座上客之一的葉兆輝教授，本來只打算運用自己的專業知識，在自殺個案數據上進行研究，並從中找出防止自殺的策略。

　　同年 10 月，研究團隊獲得香港賽馬會慈善信託基金捐助，成立了香港大學香港賽馬會防止自殺研究中心（下稱「本中心」）。葉兆輝教授被邀請成為研究中心總監，蒞任至今。本中心由許多跨部門的有心人組成，包括精神科醫生、心理學家、數據分析師、計算機科學家、輔導師、社工、教育學者及一眾研究員。他們秉持「尊重生命，自殺輕生者一個都嫌多」（one is too many）的信念，有系統地收集政府以及各機構有關自殺行為的數據和資料，只力求研究出適時、適切及有效的防止自殺方法，減低悲劇再次發生的機會。同時，本中心亦作出統籌整合，制定有關識別自殺高危者的風險評估工具及其應對措施，給予政府各部門和防止自殺輔導機構作參考，又向醫生、護士、社工、老師、家長、學生等不同階層的人士提供相關的培訓。

　　在本中心成立初期，感謝梁愛詩女士的穿針引線，以及李瀚良法官提供死因裁判庭的數據和遺書予本中心作出研究分析，讓我們能成為香港其中一所可靠、有信譽的機構，並在每年的國際防止自殺日（9 月 10 日）公布該年最準確的自殺數據，分享適時的預防自殺行為策略。此外，透過與世界知名的防止自殺學者和其他國際專業團隊的成員進行定期的交流和討論，如美國紐約羅徹斯特大學的 Eric Caine 教授和 Yeates Conwell 教授、IASP（International Association for Suicide Prevention）等，讓本中心成為國際防止自殺工作上一個主要的成員。

二、標誌由來

本中心一直採納世界衞生組織的建議，以公共健康模式（Public Health Approach）為基礎，從「普及性」、「選擇性」和「針對性」三方面提供不同層面的支援（Yip, 2005; WHO, 2014），以便推行全面的預防自殺工作，並減少一些會引發高自殺風險的行為（圖1.1）。

公共健康模式的目標：

1. 建立更多保護因素
2. 減低風險因素

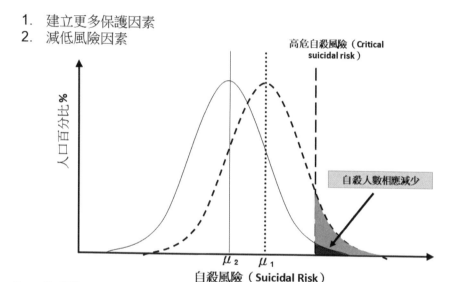

Source: Yip, 2005

圖1.1：公共健康模式

香港大學香港賽馬會防止自殺研究中心的標誌（圖1.2），正正代表了把這個自殺風險的鐘形曲線圖，由 μ_1 向左移到 μ_2，致力減低高危自殺風險的人口百分比。同時，在這兩個鐘形曲線圖上放上兩個圓形，寓意「共行」，希望告訴所有正受困擾的人士，不需要孤單面對，總有人「願陪着你」！

在過去二十多年的防止自殺工作中，本中心的同工們走訪世界各地，如日本、韓國、中國內地、新西蘭、澳洲、歐洲、美國等地，分享研究成果並交流學習。正因為香港地少人多，給予社會研究員一個人口實驗室（population laboratory）去尋找有效的防止自殺策略。雖然預防自殺工程任重而道遠，但抱着「希望」（hope）和「可能」（possibility），我們相信每一個生命

圖1.2：香港大學香港賽馬會防止自殺研究中心標誌

都是寶貴的，自殺輕生者一個都嫌多。因此，我們會繼續謹守崗位，堅持以嚴謹而認真的態度，尊重每一個生命。

三、防止自殺的策略 —— 公共健康模式

　　自殺是一個複雜的行為，因此只採用醫療模式（Medical Model）不足以有效地減少自殺行為。事實上，願意主動求診的人未必會有強烈的自殺意圖，但是那些被動的、隱藏的、「收收埋埋」的才是較值得關注的群組。

　　世界衛生組織由1984年成立至今，對健康作出的定義為「健康並非僅是沒有病患，或體質虛弱，反而是一個整全，包括生理、精神，和社交充分滿足的狀態。」而精神健康則指「整全的個體能夠理解他自身的能力，能面對及處理一般生活壓力，能在工作崗位有效地工作並感到充實，亦能在社會或社區作出貢獻。」（WHO, 2014）如上文提及，在預防自殺方面，世界衛生組織建議各地以公共健康模式為基礎，從「普及性」、「選擇性」、「針對性」三方面為大眾提供不同層面的支援（Yip, 2005; WHO, 2014）。

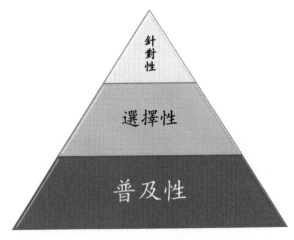

圖1.3：公共健康模式金字塔

普及性

在普及性的層面，我們可以透過在社區籌辦講座、利用社交媒體宣傳、於報章撰寫文章等方法，提升普羅大眾對精神健康的認識，突破眾人對精神健康及自殺議題的禁忌，並增強社會的整體抗逆力（resilience）。本中心定期在各大報章刊物撰寫有關預防止自殺或精神健康的文章，亦在社區、學校舉辦講座，致力讓各階層人士認識精神健康的重要性。

選擇性

為提早識別較高危的人士，作出適時適切的協助，本中心會定期為學校及社區的不同持份者，如學生領袖、老師、家長、警察、護士、保安員等提供有系統的守門員培訓，讓他們能對自殺行為作出有效的介入。就例如2002年下旬，有鑒於長洲度假屋的連串自殺事件，本中心為長洲的警察、社工、各鄉委會、度假屋房東等人士提供有關防止自殺的培訓，成功令島上的自殺數字從而大幅減少。我們在2020年再次探討長洲最新自殺個案，發現不單是旅客，本地居民的自殺個案亦有所增加。這個充滿傳奇的小島能否化險為夷，有賴全島持份者能否攜手合作，秉承防止自殺的信念，以減少悲劇的發生（Yip et al., 2021）。在過去差不多十年間，本中心在全港中小學推行「培養學生正面態度和價值觀」主題網絡計劃，藉此希望老師們能在學業以外，肯定學生自身的價值；同時，計劃又邀請了一眾「網紅」，與他們共同製作防止自殺微電影，希望影響流連網絡世界的年青人，把正面的價值觀傳遞出去（Cheng et al., 2020）。

針對性

對於高風險的個案，針對性的支援亦相當重要，尤其是自殺不遂的人士。為防止他們再次傷害自己，除了不讓他們輕易接觸自殺工具外，身邊人更應真誠地表達對他們的關懷，讓他們知道辦法往往比困難多。同時，我們一直持續對遺書作出研究和分析，盼能解讀輕生者的心結，並從中找到啟示，以便日後能找到更有效減少自殺的應對方法。從2018年開始，本中心有賴香港賽馬會慈善信託基金捐助，聯同香港小童群益會、香港明愛、香港青年協會、香港青少年服務處及聖雅各福群會，共同研發一個24小時青少年情緒健康網上支援平台——Open噏，讓有情緒需要的青年人能隨時隨地透過社交媒體或網上平台，與社工、輔導員或受訓的義工傾談，以減低自我傷害和自殺的機會（Yip et al., 2020）。

　　總括而言，自殺是一個複雜的議題，不可能簡化為由某單一因素所致。要有效預防自殺，需要政府、父母、家人、老師、同輩，甚至一眾網民等多方面的配合，共同建立人與人之間的保護網，讓保護因子發揮其效能。只要大眾能提升敏感度，多關懷身邊人、作出真誠的關心問候、彼此接納，別亂作批評、傳遞錯誤信息，對減低自殺率是有效的。同時，受困擾的當事人也不應忌諱去尋求幫助，正所謂「一人計短，二人計長」，只要多方努力，不幸事件便能避免。哪怕是微不足道的小轉變，一旦實行起來，便足以產生強大的抗逆力和積極的能量，讓社會攜手抵擋自殺的洪流。這正是西方諺語「It takes a village to raise a child」的真諦。

參考文獻

Cheng, Q., Shum, A. K. Y., Ip, F. W. L., Wong, H. K., Yip, W. K. K., Kam, A. H. L., & Yip, P. S. F. (2020). Co-creation and impacts of a suicide prevention video. *Crisis, 41*(1), 7–14. https://doi.org/10.1027/0227-5910/a000593

World Health Organization. (2014). *Preventing suicide: A global imperative*. WHO Press.

Yip, P. S. F. (2005). A public health approach to suicide prevention. *Hong Kong Journal of Psychiatry, 15*(1), 29–32.

Yip, P. S. F., Chan, W. L., Cheng, Q., Chow, S., Hsu, S. M., Law, Y. W., Lo, B., Ngai, K., Wong, K. Y., Xiong, C., & Yeung, T. K. (2020). A 24-hour online youth emotional support: Opportunities and challenges. *The Lancet Regional Health – Western Pacific, 4*(100047), 1–3. https://doi.org/10.1016/j.lanwpc.2020.100047

Yip, P. S. F., Yeung, C. Y., Chen, Y. C., Lai, C. C. S., & Wong, C. L. H. (2021). An evaluation of the long-term sustainability of suicide prevention programs in an offshore island. *Suicide & Life-Threatening Behavior. Advance online publication*. https://doi.org/10.1111/sltb.12764

第二章

跟香港共行

葉兆輝　張鳳儀

一、香港的自殺概況

　　本中心每年都會從死因裁判法庭、警務處、醫院管理局等部門,收集自殺個案進行分析,並統計年度的自殺數字,以制定適時、適切及有效的預防自殺策略。承蒙各部門的協助,本中心能獲取相信是全香港最準確和全面的統計數據。綜合而言,香港自殺個案的年齡分布圖跟世界各地的相約。

二、香港自殺個案的年齡分布

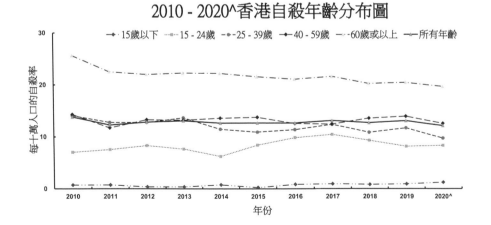

圖2.1:香港自殺年齡分布圖

長者的自殺概況

　　長者的自殺個案一直佔據整體自殺率最高百分比。長者年紀漸長，身體機能自然下滑，可能會有不同的病痛，情緒也會隨之起伏。一旦想不開，就會帶着「橫掂都『嗰頭近』，又不想連累『後生』，自己都活得夠了」的想法，做出傷害自己的行為（Yip et al, 1998）。最近，我們獲得香港賽馬會慈善信託基金的捐助，在黃大仙區推行一個跨代共融的計劃，青年義工透過聆聽長者口述的人生故事，為他們「度身訂造」一本紀念冊回饋長者，目的不單是讓青年人對長者表達尊重，更是讓他們明白長者有着豐富的人生閱歷，從而彼此都得到鼓勵和啟發。

青年自殺情況

　　根據2012至2016年15至24歲組群的青年人自殺數目顯示，雖然自殺率上升幅度並不明顯，但自殺死亡卻是該年齡組別的頭號殺手。年青人除了面對成長的困惑，還要面對時代的挑戰，如出路問題、家庭支援不足和網絡沉迷等，這些都會對年青人的精神健康造成不良影響。

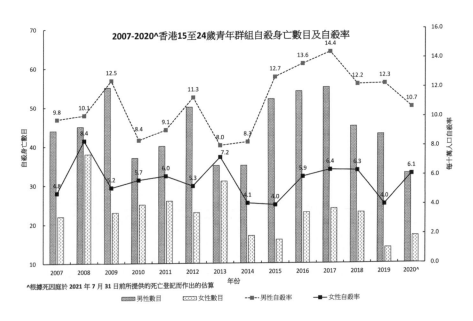

圖2.2：2007–2020^香港15至24歲青年群組自殺身亡數目及自殺率

男性的自殺概況

在香港，男性的自殺率往往比女性高。這可能是因為他們在自殺時會選取一些較致命的工具，亦可能是傳統文化使男性特別重視尊嚴和「面子」，忽視了求助的重要性。因此，「It's ok to be not ok」，求助實在不可恥，反而是一個勇敢和有承擔的表現，是對所愛之人負責任的行為。

三、香港自殺風氣的演變

1997 至 2002 年：金融風暴與自殺風氣

1997 年回歸後，香港受到亞洲金融風暴拖累，恒生指數及股市暴跌，出現房地產泡沫爆破。經濟衰退，加上 1998 年香港第一宗燒炭自殺案的出現後，自殺率驟然急升。

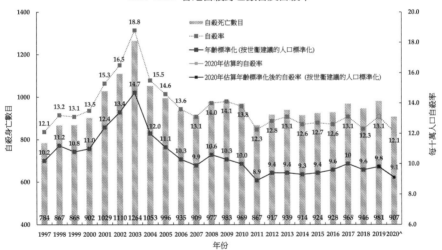

圖2.3：1997–2020^香港總人口的自殺身亡數目及自殺率

另外，由於傳媒對自殺報導的篇幅增加（Au et al., 2004），燒炭自殺的個案在 1998 至 1999 年間急升。以十萬人口計算，當時自殺率徘徊在 13.1 至 13.2。到了 2001 年，由於「911 事件」和科網熱潮爆破，再加上香港經濟出現負增長，一連串的打擊使燒炭自殺盛行，甚至有些市民故意走到離島度假屋

燒炭自殺，使原本充滿活力的長洲小島頓變成「自殺勝地」。因此，本中心在長洲開展了第一個社區預防自殺計劃，得到良好和顯著的成效（Wong et al., 2009）。

2003年：SARS疫情與自殺風氣

往後香港整體的自殺率一直攀升，2003「沙士」年達高峰18.8。當年非典型肺炎爆發，無論是醫護人員或是普通市民，大家都人心惶惶，失業率達8.6%，創歷史新高。社會上彌漫着一片愁雲慘霧，百業蕭條，加上接連有知名人士跳樓輕生（Fu & Yip, 2007），使模仿效應（copy cat effect）日益嚴重（Cheng et al., 2014）。然而，有危就有機，港人因「沙士」大大提高了衛生健康意識，亦增加了對抑鬱症及其他精神疾病的關注。

2004至2006年：「燒炭」的興起

2004年，香港經濟開始復甦，自殺率亦有稍微下降的趨勢。不過，當然經濟復甦與自殺率並不一定有直接連帶的關係。2005至2006年間，燒炭已不知不覺地躍升成為自殺工具排行榜的第二位，由1998年出現第一宗個案，至2003年的歷年纍計三百二十多宗，實在令人惋惜。燒炭自殺者與非燒炭自殺者屬不同族群，即燒炭並不是取替了其他自殺方法，而是作為「香港製造」的自殺方式吸納了新的族群。同時，有鑒於當時屯門區燒炭自殺比率冠絕全港，本中心與香港兩間最大的超級市場合作，實行「燒烤炭上鎖」先導試驗計劃，在區內的零售點收起燒烤炭，顧客如欲購買，需要主動向店員詢問。「燒烤炭上鎖」計劃在屯門推行了一年半，成效顯著，結果亦刊登於英國著名的精神病學期刊（*The British Journal of Psychiatry*）（Chan et al., 2005; Yip et al., 2010）和刺針（*Lancet*）（Yip et al., 2012），以實證指出此舉能有效減少燒炭自殺的個案，並予其他國家參考推行。可惜，因本港部分商家擔心持續推行計劃會製造不少麻煩，而使利潤減少，計劃後來就此不了了之。儘管如此，台灣新北市衛生局參考了本中心的先導計劃（Chen et al., 2015），推行「木炭非開放式陳列」的新政策，讓前線店員擔當「自殺防治守門員」的角色，則取得顯著的成效。

2007至2018年：全球股災與自殺風氣

2007至2008年，美國雷曼兄弟事件引發了全球股災，香港亦被捲入全球金融海嘯中，掀起了零售業的倒閉潮，負面情緒籠罩香港，原本稍緩的自殺

率也出現了反彈。2009年起，香港每年的自殺率都維持在每十萬人中的約12人自殺。為了有效比較不同國家或地區的自殺率，自殺率被標準化，按全球人口年齡結構進行調整。由於香港人口老化較其他地區嚴重，經調整後，參考世界衛生組織2017年的資料，2016年香港的年齡標準化自殺率估測為9.5，低於國際水平的10.5。

2019年至今：社會事件及新冠肺炎大流行

2019年下旬，香港政治爭議不斷，社會運動愈演愈烈，「真」、「假」、「半真半假」的資訊都在不同媒體下廣泛流傳，「被自殺」的新聞更甚囂塵上。根據死因裁判法庭提供的數據，2019年香港的自殺率為13.0，較2018年的12.3稍高。然而，經年齡標準化後，2019年香港標準化自殺率估測為9.7，仍然低於2016年國際水平的10.5（WHO, 2018）。可見，媒體煽情的報導不但引發網上熱烈討論，更在社會上製造不必要的焦慮，情況實在令人感慨。

詳細研究2019年的自殺數據，我們可以從1997至2019年的估測數字中發現，男性自殺率如過往十年一樣，持續較女性自殺率高出一倍。對比2018年，2019年的估測男、女自殺率均有輕微上升。然而，最值得注意的是高齡人士自殺率一直較其他年齡群組高，當中60歲或以上的男性自殺率上升至30.7，是2014年以來最高的水平。60歲或以上女性的自殺率雖然有下降趨勢，但25至39歲女性的自殺率則由2018年的5.1上升至2019年的6.6。0至14歲兒童的自殺率則與過去四年一樣，維持在0.8左右的低水平。

因為社會事件的發生，青少年自殺引起了各界關注。15至24歲青少年的自殺率由2012年的8.3上升至2017年的10.4，到2019年，青少年的自殺率則延續2018年的跌勢，下降至8.3；而25至39年齡組群自殺率，則由2018年的歷史低位10.5回升至2019年的11.8。數據顯示，青少年自殺並未因社會事件而有所飆升。2020年，新冠肺炎大流行，學校停課和各種限制社交距離的措施，都無形中使大眾感到額外的孤立、焦慮、煩厭、緊張和憂愁，負面情緒的出現，讓香港市民的精神健康都十分繃緊。

2021年，新冠疫情的發展還存在很多未知之數，香港經濟環境欠佳、失業率高企及社會環境不穩等，都有機會令香港自殺率回升（Chan et al., 2007），情況都令我們有所顧慮。但願政府和社會各階層都能汲取過往的教訓，盡己之力，齊心保護香港每一個寶貴的生命。

參考文獻

Au, J. S. K., Yip, P. S. F., Chan, C. L. W., & Law, Y. W. (2004). Newspaper reporting of suicide cases in Hong Kong. *Crisis*, *25*(4), 161–168. https://doi.org/10.1027/0227-5910.25.4.161

Cai, Z., Chang, Q., & Yip, P. S. F. (2020). A scientometric analysis of suicide research: 1990–2018. *Journal of Affective Disorders*, *266*, 356–365. https://doi.org/10.1016/j.jad.2020.01.121

Chan, K. P. M., Yip, P. S. F., Au, J., & Lee, D. T. S. (2005). Charcoal-burning suicide in post-transition Hong Kong. *The British Journal of Psychiatry*, *186*(1), 67–73. https://doi.org/10.1192/bjp.186.1.67

Chan, W. S. C., Yip, P. S. F., Wong, P. W. C., & Chen, E. Y. H. (2007). Suicide and unemployment: What are the missing links? *Archives of Suicide Research*, *11*(4), 327–335. https://doi.org/10.1080/13811110701541905

Chen, Y. Y., Chen, F., Chang, S. S., Wong, J., & Yip, P. S. F. (2015). Assessing the efficacy of restricting access to barbecue charcoal for suicide prevention in Taiwan: A community-based intervention trial. *PLoS ONE*, *10*(8), e0133809. https://doi.org/10.1371/journal.pone.0133809

Chang, S. S., Kwok, S. S. M., Cheng, Q., Yip, P. S. F., & Chen, Y. Y. (2015). The association of trends in charcoal-burning suicide with Google search and newspaper reporting in Taiwan: A time series analysis. *Social Psychiatry and Psychiatric Epidemiology*, *50*(9), 1451–1461. https://doi.org/10.1007/s00127-015-1057-7

Chen, Y. Y., Chen, F., Gunnell, D., & Yip, P. S. F. (2013). The impact of media reporting on the emergence of charcoal burning suicide in Taiwan. *PLoS ONE*, *8*(1), e55000. https://doi.org/10.1371/journal.pone.0055000

Chen, Y. Y., & Yip, P. S. F. (2011). Suicide sex ratios after the inception of charcoal-burning suicide in Taiwan and Hong Kong. *The Journal of Clinical Psychiatry*, *72*(4), 566–567. https://doi.org/10.4088/JCP.10l06478

Cheng, Q., Li, H., Silenzio, V., & Caine, E. D. (2014). Suicide contagion: A systematic review of definitions and research utility. *PLoS ONE*, *9*(9), e108724. https://doi.org/10.1371/journal.pone.0108724

Chi, I., Yip, P. S., Yu, G. K., & Halliday, P. (1998). A study of elderly suicides in Hong Kong. *Crisis*, *19*(1), 35–46.

Fong, T. C. T., Yip, P. S. F., Chan, M. Y. H., & Ho, R. T. H. (2020). Factor structure and measurement invariance of the stigma of suicide scale–short form among adolescents and early adults in Hong Kong. *Assessment*. Advance online publication. https://doi.org/10.1177/1073191120976857

Fu, K. W., Chan, Y. Y., & Yip, P. S. F. (2011). Newspaper reporting of suicides in Hong Kong, Taiwan and Guangzhou: Compliance with WHO media guidelines and epidemiological comparisons. *Journal of Epidemiology and Community Health*, *65*(10), 928–933. https://doi.org/10.1136/jech.2009.105650

Fu, K. W., & Yip, P. S. F. (2007). Long-term impact of celebrity suicide on suicidal ideation: Results from a population-based study. *Journal of Epidemiology and Community Health*, *61*(6), 540–546. https://doi.org/10.1136/jech.2005.045005

Law, C. K., Yip, P. S. F., & Caine, E. D. (2011). The contribution of charcoal burning to the rise and decline of suicides in Hong Kong from 1997–2007. *Social Psychiatry and Psychiatric Epidemiology*, *46*(9), 797–803. https://doi.org/10.1007/s00127-010-0250-y

Law, C. K., & Yip, P. S. F. (2011). An economic evaluation of setting up physical barriers in railway stations for preventing railway injury: Evidence from Hong Kong. *Journal of Epidemiology and Community Health*, *65*(10), 915–920. https://doi.org/10.1136/jech.2010.115188

Lee, D. T. S., Chan, K. P. M., & Yip, P. S. F. (2005). Charcoal burning is also popular for suicide pacts made on the internet. *BMJ*, *330*(7491), 602. https://doi.org/10.1136/bmj.330.7491.602-b

Wong, P. W. C., Fu, K. W., & Yip, P. S. F. (2011, September 13–17). *A potential source of data in understanding youth suicide cluster—instant messages*. The 26th World Congress of the International Association for Suicide Prevention, Beijing, China. http://hub.hku.hk/handle/10722/198673

Wong, P. W. C., Liu, P. M. Y., Chan, W. S. C., Law, Y. W., Law, S. C. K., Fu, K. W., Li, H. S. H., Tso, M. K., Beautrais, A. L., & Yip, P. S. F. (2009). An integrative suicide prevention program for visitor charcoal burning suicide and suicide pact. *Suicide and Life-Threatening Behavior*, *39*(1), 82–90. https://doi.org/10.1521/suli.2009.39.1.82

Wong, P. W. C., Yeung, A. W. M., Chan, W. S. C., Yip, P. S. F., & Tang, A. K. H. (2009). Suicide notes in Hong Kong in 2000. *Death Studies*, *33*(4), 372–381. https://doi.org/10.1080/07481180802705791

World Health Organization (2014). *Preventing suicide: A global imperative*. WHO Press.

World Health Organization (2019). *Mental Health and Substance Use*. https://www.who.int/teams/mental-health-and-substance-use/suicide-data

Yip, P. S. F. (1996). Suicide attempts and suicides of school children in Hong Kong, 1991–1994. *Educational Research Journal*, *11*(1), 32–37.

Yip, P. S. F. (2008). *Suicide in Asia: Causes and prevention*. Hong Kong University Press.

Yip, P. S. F., Caine, E., Yousuf, S., Chang, S. S., Wu, K. C. C., & Chen, Y. Y. (2012). Means restriction for suicide prevention. *The Lancet*, *379*(9834), 2393–2399. https://doi.org/10.1016/S0140-6736(12)60521-2

Yip, P. S. F., & Chak, G. S. (2011). Suicide in Hong Kong: Epidemiology, changing patterns, associated phenomena and prevention. *Irish Psychiatrist*, *12*(1), 23–24. http://hub.hku.hk/handle/10722/142590

Yip, P. S. F., Chan, W. L., Cheng, Q., Chow, S., Hsu, S. M., Law, Y. W., Lo, B., Ngai, K., Wong, K. Y., Xiong, C., & Yeung, T. K. (2020). A 24-hour online youth emotional support: Opportunities and challenges. *The Lancet Regional Health – Western Pacific*, *4*(100047), 1–3. https://doi.org/10.1016/j.lanwpc.2020.100047

Yip, P. S. F., & Chi, I. (2001). Suicide behaviour in Hong Kong elderly. In D. DeLeo (Ed.), *Suicide and euthanasia in older adults: A transcultural journey* (pp. 97–115). Hogrefe & Huber Pub.

Yip, P. S. F., Chi, I., & Yu, K. K. (1998). An epidemiological profile of elderly suicides in Hong Kong. *International Journal of Geriatric Psychiatry*, *13*(9), 631–637. https://doi.org/10.1002/(SICI)1099-1166(199809)13:9<631::AID-GPS836>3.0.CO;2-A

Yip, P. S. F., Law, C. K., Fu, K. W., Law, Y. W., Wong, P. W. C., & Xu, Y. (2010). Restricting the means of suicide by charcoal burning. *The British Journal of Psychiatry*, *196*(3), 241–242. https://doi.org/10.1192/bjp.bp.109.065185

Yip, P. S. F., & Lee, D. T. S. (2007). Charcoal-burning suicides and strategies for prevention. *Crisis*, *28*(S1), 21–27. https://doi.org/10.1027/0227-5910.28.S1.21a

第三章

跟家人共行

賠償金就是愛？

葉兆輝

> 無論是順境或是逆境、富裕或貧窮、健康或疾病、快樂或憂愁，我
> 將永遠愛着您、珍惜您，天長地久都會在一起，永不分離。

婚禮中的誓言，往往是最動人的。在茫茫人海中，能遇上一個「對的人」，相知、相惜、相愛、相守，確實是難能可貴。在婚禮當天高朋滿座，一對新人許下刻骨銘心的承諾，打動着眾親友及摯愛的心靈。但婚禮過後，浪漫回歸現實，夫妻總要營營役役為糊口奔波。試問，還有多少段婚姻能一一兌現當初的承諾？

十多年前，本中心得到李家傑先生的支持，推行了一個支援自殺遺屬的研究計劃和服務，目的是為了了解自殺者對其親人帶來的創傷。我和幾位同事在公眾殮房嘗試接觸自殺者家屬，為他們提供即時的支援服務，如哀傷輔導及簡介奔喪事宜等。我對其中一位家屬的故事感受尤深。

當日一大清早，我到公眾殮房支援同事開展服務，迎面來了一位女子，拖着一個小女孩。從她倆的互動，可以看出她們應該是母女關係。這位少婦雙眼紅腫，腳步浮浮，像是失去了靈魂似的，看起來像多天沒有入睡。小女孩的外表看起來像三、四歲，一直垂下頭，不敢抬頭看周圍環境，似乎已感到媽媽的悲痛。不知道為什麼，她們的神態令我感到額外的冰冷和不自在，比身處殮房更甚。我默默無聲的站在一旁，只感受到那凄厲的哭聲，猶如帶着撕心裂肺一樣的痛。

　　突然，少婦站立不穩，差點暈倒在地上，同事們趕緊攙扶一把。扶好以後，我們趁機傾談一會。少婦的情緒還未穩定，泣不成聲，我們也沒有勉強她，只靜靜待在她身旁。過了一會兒她冷靜下來，娓娓道出了背後的故事。

　　原來她的丈夫生前受到財務困擾，因面子問題，不願尋找支援，而選擇獨自面對。言談之間，她透露丈夫生前特意購入一份有巨額賠償的保險，滿以為可以解決財務問題，能夠盡丈夫和父親的責任把賠償金作為太太和女兒日後的生活保障。只是，這位少婦實在不情願去處理這份保單，她毫不同意金錢能彌補丈夫的生命。但逝者已矣，他決意孤身離去，可能是誤以為自己是以死換愛，覺得犧牲自己可以換來妻女的安穩。可是，這真是對家庭展現出愛和責任嗎？妻女突然失去了丈夫和爸爸，家庭真的還會安穩嗎？

　　「他不可能忘記我們之間的承諾，他說過會和我同甘共苦！為什麼他不讓我陪伴他？」

　　「作為枕邊人，為什麼我不察覺他有這個計劃？是我沒有用，花了太多時間在女兒身上，沒有顧及他，我有份害死了他！早知，我可以……」

　　「我……沒有他，我怎能把女兒養大成人？我未來的日子怎樣過？」

　　少婦心裏充滿了疑問、內疚、自責、難過……

　　「難道兩公婆不是什麼都可以傾談嗎？只要講出來，不就可以找到辦法解決嗎？」

　　「只要『一起』，又有什麼事情不能解決？」

　　少婦一面撫摸着丈夫的臉龐，一面哀求着：「我不要那些賠償金，我要的是你！你究竟知不知道！你不要拋棄我們！沒有了你，我們怎麼活下去？你答應過會陪我終老、陪我病，你記得嗎？為什麼你要遺下我們？我要你……我要你……你快點起來，不要玩了！」

　　她的哀怨劃破了寂靜，淚水沾濕了裹屍布。然而，丈夫的身軀卻沒有一下動彈，他沒法再像從前一樣，伸手抹乾妻子臉上的淚水，沒法再擁妻子入懷，沒法再回應她什麼了……

　　「嗚嗚嗚……」不知道小女孩是否也意識到自己失去了父親，還是被周遭可怕的環境嚇倒了，她也痛哭起來。

　　這數分鐘的認屍過程，好像特別漫長，全世界也彷彿停頓了一般。昨天一家三口還好好的一起吃晚餐，今天便天人永隔了。少婦突然要承受摯愛的離世，她能回復正常的生活嗎？女兒能擺脫爸爸自殺的陰影，健康地成長嗎？

　　故事並未完結，後來我得知丈夫在自殺前沒有清楚留意保單上的條款，「……簽發保單後一年內自殺的，將不獲賠償……」結果少婦和小女孩不但失去了丈夫和爸爸，就連那生活保障金也落空了！

　　筆者一直與保險公司進行自殺不獲保償的討論，這是一個道德風險（Moral Hazard）的問題，究竟保單包含自殺賠償，是給予家人一個保障，還是為某些人提供了一個自殺的誘因？

增潤篇：「延長不保期」

2014年，本中心進行《自殺「不保期」對人壽保險投保人自殺風險的影響》的研究。研究以本港一間主要的保險公司為對象，發現該公司1997至2011年的人壽保險索償個案中，十五年間共接獲1,935項索償個案，牽涉1,243名已死亡的投保人。當中與自殺有關的索償個案有197項，涉及106名自殺投保人，約佔整體索償個案的一成。

是次研究發現：

- 與自殺有關的索償個案平均索償額較高（反映了投保額較高）；
- 自殺死亡的保險賠償期較其他死因索償期早（數據顯示，自殺風險最高峰的時間為投保後的第三年，而其他非自殺死亡的則為投保後的三年半）。

　　為此，本中心多番與保險業聯會商討，建議前線代理員可以多加留意投保人自殺的警號，並在壽險保單上，延長不獲賠償時限的條款（香港保險的自殺「不保期」一般為期12個月），好讓投保人不會衝動地因賠償金的誘因而自殺。本中心期望通過延長冷靜期，能減少人們因財困而自殺，並讓他們有機會重新審視自己的困境，找到可行的出路。對此，日本已經開始將不保期增加至三年，而新規定實施後，投保人的自殺風險亦隨即減少。

　　當然，自殺遺屬所得到的保險賠償金，也等同一個補償。精算師已將自殺風險和可能造成的賠償計算在自殺者每年繳交的保費之中，所以這正是保險公司不願意修改不保期的理由。但若保險經紀和投保人彼此多行一步，一方面可以減少自殺個案的發生，繼而減少年金的增加，一方面可以減少因自殺而虛耗的社會資源，所以延長不保期是對受保人的支援和關心，可算是三贏方案。

參考文獻

Yip P. S. F., Pitt, D., Wang, Y., Wu, X. Y., Watson, R., Huggins, R., & Xu, Y. (2010). Assessing the impact of suicide exclusion periods on life insurance. *Crisis, 31*(4), 217–223. https://doi.org/10.1027/0027-5910/a000023

「婚」離從來不易

鄭嵐

　　自 2012 年開始，研究中心一直進行着《香港離婚現象》的研究，討論設立「贍養費管理局」的可行性。我們收集了許多離婚夫婦的問卷及社工的報告，當中涉及了許多鮮為人知的深情故事。年青人血氣方剛，部分人在情到濃時沒有做妥安全措施，迫不得已為了腹中突如其來的生命，輕率地組織了一個「家」……

　　「醫生說……我懷孕了……」甫走出診所，22 歲的 Kary（化名）幽幽地說。

　　「那我們結婚吧！」身旁還一臉稚氣的男朋友向她承諾。

　　他們的婚姻就這樣開始。一對年輕夫婦要迎接提早建立的「家」，不得不改變自己過往的生活習慣，既要為孩子犧牲個人玩樂的時間，又要省下日常娛樂的費用，共同肩負起一個「家」的責任。然而，「婚姻」這趟旅程，不一定順利如意。

　　「老婆！借我五千元！」說罷，丈夫就伸手去搶她的手袋。

　　「哪有錢？書簿費未交！租又未交！哪來五千元！」Kary 用那雙瘦弱，充滿一道道疤痕的前臂，苦苦保護着手袋。

　　「啪！」他一記耳光落在她的面頰上。

　　「嗚嗚嗚……」出於自然反應，Kary 用手撫着紅腫了的半邊臉，手袋就立即被奪去了，打算用作今個月的買餸錢就這樣溜走了。這不是丈夫的第一次送她耳光，皮肉痛，心更痛……

　　「媽媽，爸爸今天又是去澳門嗎？」Kary 沒有正面回答兒子的提問。

　　Kary 丈夫近年不是往澳門賭博，就是跟所謂的生意伙伴飲酒聯誼到天亮，偶爾拖着爛醉如泥的身軀回家，偶爾失聯多天。一旦幸運之神沒有眷顧他，他就會回家對 Kary 又打又罵。結婚十年，他的舊債未清，新債也愈滾愈多。莫說家裏的積蓄，就是娘家的補貼都已花得一乾二淨，家中財政壓力日益增大。

　　拍拖時，Kary 以為他是個可靠的男人，可以託付終身。但結婚後，他卻變成了另一個人，一直以惡言惡語對待她。她的情緒像這個「家」一樣崩潰了，沒有宣洩的地方，倒不如一刀一刀鏟在前臂上，讓眼淚和血水混雜在一起，彷彿這樣才讓自己感受到存在感。Kary 手上的疤痕猶如他的債，新新舊舊地重疊起來。

「離婚！我要離婚！」在痛苦邊緣，Kary 想到兒子的未來，決意要結束這段婚姻。她祈盼着離婚會是一條出路，能讓她和兒子走出這陰霾。可是，離婚豈是這樣簡單？

在申請離婚後，她向他索取贍養費，以支付撫養兒子的日常開支。丈夫向法庭申報沒有收入，而 Kary 亦因顧念過往的情義，沒有勉強他。不料他竟然說謊，法庭查出他每月有數萬元的固定收入。說謊的動機顯然是他不想為贍養費付出分毫，她懊惱，亦心痛，他不但不念十年的夫妻感情，就是親生兒子的生活也不顧，眼中只有自己，以為單憑一個謊言便能胡混過關。

最終，法庭判決男方必須每月支付女方五千港元的贍養費。她本以為有法庭的命令，收取贍養費應該不難，可惜男方卻從沒按法庭命令支付贍養費。Kary 無可奈何，唯有靠着微薄的薪水，拖着疲弱的身軀，強撐着她和兒子的生活。

有一天，她倒下了。

救護員把她抬上救護車的時候，還隱約看到她手腕的血痕。幸好她沒有生命危險，但官方認為她情緒不穩，不再適合照顧有學習困難的兒子⋯⋯

Kary 的痛苦未有隨着疤痕癒合而康復，跟拍拖時想像中的幸福就更遠矣。

增潤篇：離婚與自殺問題

除了研究離婚對夫婦及其子女的影響外，我們亦為設立「贍養費管理局」的可行性作研究。從收集到的離婚夫婦問卷及跟進社工的報告，我們了解到許多人離婚前後的故事。Kary 的故事就是其中之一。

正所謂清官難斷家務事，香港社會主流意見認為婚姻是私人事務，對社會造成的影響有限。但從數據上看，香港的粗離婚率（Crude Divorce Rate）自九十年代一直上升，由 1991 年的 1.11 上升至 2013 年的高峰 3.10，而統計署最新的數字則為 2016 年的 2.34。然而，最值得留意的是過往研究曾指出離婚群組是擁有最高自殺風險的群組（Yip et al., 2015）。

離婚率數字雖有回落，但離婚有機會帶來的問題及背後的隱憂才是社會最需要關注的。

政府曾就贍養令執行問題發表第 61 號主題性住戶統計調查。在 34,300 名會收取贍養費的曾經離婚／分居人士中，有 40.5%（約 13,900 人）未能全數收取款項，意味着這些人士需要繼續和前伴侶就有關問題協商，雙方關係有機會再趨惡劣，令當事人的壓力百上加斤。此外，拖欠贍養費甚至有可能

在經濟及親子關係等方面影響子女的生活和撫養之需要，妨礙他們的健康成長。

增潤篇：美滿家庭特質

一、美滿家庭的六項特質（Stinnett & DeFrain, 1985）指出：

1. 承擔（commitment）：深信家庭成員是自己人生中最重要的人物，因此會坦誠地去建立彼此的關係。
2. 欣賞及喜悅（appreciation and affection）：家庭成員會深愛對方，在尊重個別差異的情況下，定時向對方表達愛意。
3. 正向溝通（positive communication）：家人之間會無所不談，雖不代表不會發生衝突，但是會樂於聆聽和設法找到共識。
4. 花時間一起（time together）：家庭成員會願意花時間與對方一起，並建立與彼此一起的回憶。
5. 靈性的栽培（spiritual wellbeing）：家庭成員會重視大家的靈性和品格的培養。
6. 有能力處理壓力和危機（ability to cope with stress and crisis）：家庭成員會在同一陣線下面對壓力和危機，願意打開心扉，互相學習，有需要時就會主動尋求幫助。

勉勵篇：解決衝突（如何促進夫妻關係——處理衝突篇，2018）

處理衝突要訣：先情緒，後問題

1. 先處理自己與對方的情緒
   - 保持冷靜，可暫時離開衝突場景，或與信任的人分擔苦惱等
   - 謹慎自己的言詞，避免挑釁對方，而加劇大家的負面情緒

2. 擇日詳談解決問題
   - 集中討論當下的問題，切忌翻舊賬
   - 放下成見，嘗試先聆聽，再冷靜地表達自己的感受和觀點
   - 求同存異，積極取得雙方可接受的方案

3. 如雙方不能冷靜處理，宜積極尋找婚姻輔導服務，詳情參閱以下連結：https://www.swd.gov.hk/tc/index/site_pubsvc/page_family/sub_listofserv/id_ifs/

參考文獻

Law, Y. W., Chan, M., Zhang, H. P., Tai, L., Tsang, S., Chu, P., & Yip, P. S. F. (2019). Divorce in Hong Kong SAR, 1999–2011: A review of 1,208 family court cases. *Journal of Divorce & Remarriage, 60*(5), 1–15. https://doi.org/10.1080/10502556.2018.1558855

Stinnett, N., & DeFrain, J. (1985). *Secrets of Strong Families.* Little Brown.

Yip P. S. F., Chen, Y. Y., Yousuf, S., Lee, C. K. M., Kawano, K., Routley, V., Park, B. C. B., Yamauchi, T., Tachimori, H., Clapperton, A., & Wu, K. C. C. (2012). Towards a reassessment of the role of divorce in suicide outcomes: Evidence from five Pacific Rim populations. *Social Science and Medicine, 75*(2), 358–366. https://doi.org/10.1016/j.socscimed.2012.03.009

Yip, P. S. F., Yousuf, S., Chan, C. H., Yung, T., & Wu, K. C. C. (2015). The roles of culture and gender in the relationship between divorce and suicide risk: A meta-analysis. *Social Science & Medicine, 128*, 87–94. https://doi.org/10.1016/j.socscimed.2014.12.034

香港特別行政區政府衞生署（2018）。〈如何促進夫妻關係——處理衝突篇〉。長者健康服務網站。https://www.elderly.gov.hk/tc_chi/healthy_ageing/relationship/conflict.html

一切都是為他好

張鳳儀

> 爸爸媽媽，謝謝你們的養育之恩。媽媽，多謝你一直以來的照顧；爸爸，多謝你從來都沒有打我、罵我。對不起，我卻是你們的包袱，你們花了這麼多錢在我身上，可是我讀書讀不好，考試不合格。對不起，我實在很辛苦，現在你們自由了，要好好生活下去，不再需要花錢在我身上⋯⋯

這是一封剛滿12歲的小女孩寫給父母的訣別信。信中沒有任何怨懟，卻載滿了歉疚、自責和羞愧⋯⋯

為人父母者，自然會把生活焦點投放在子女身上，事事以他們為中心。父母寧願節衣縮食，付出一切，也要投資子女的未來，從專科專教的補習班，到琴棋書畫的興趣班，沒有一樣父母會躊躇不去滿足的。可是，要滿足的究竟是子女的需要，還是父母自己的安全感？

為什麼這位女孩的父母從來察覺不到孩子內心的負面情緒？為什麼孩子的感受與他們「為孩子好」的想法背道而馳？為什麼父母和子女在理解事情上有如此大的落差？這些都是我在研究遺書時經常產生的疑問。

在眾多遺書中，其中一位中學生所寫的遺書最令我深刻。他就讀於某地區名校，前途看似一片光明，父母亦努力為他的人生鋪設康莊大道。可是，他卻親手斬斷自己的前路，人生就此永遠停留在十多歲。

他寫下了數封遺書，希望父母替他分發給同學。在給父母的遺書中，字裏行間提到希望父母尊重他的遺願，不要偷看他留給同學的物件，還「教導」父母要有同理心，尊重別人的想法。

我對該孩子充滿好奇，為什麼成績名列前茅、生於小康之家，又是父母疼愛的獨生子，他會作出如此的決定？

機緣巧合下，我從校長口中得知，這位孩子確實成績優異，但長期與親人缺乏溝通，與父母關係疏離，尤其是母親。縱使學習優異、名列前茅，母親仍不放鬆管教，當成績稍微與她的期望有所不同，就會禁止孩子參與其熱愛的課餘活動，因為她認為這些都是阻礙他取得優異成績的絆腳石。

最終，孩子在迷惘中愈走愈深，不知不覺中鑽進牛角尖。在失眠多天後，他選擇在考試的第一天一躍而下，埋葬所有煩惱。

「即使勉強過了這次考試，將來還有無止境的考試，我實在擔心自己能否一一過關！」這位孩子在遺書中寫道。

在競爭激烈的香港，不知不覺間，很多父母與子女的話題只圍繞着學業及成績。因此，大多數尋死的孩子只能在學業裏找到生存意義和自身價值，卻無法真正感到父母無條件的關愛。

「今天有沒有認真上課？」

「……有。」

「那你跟我說一下今天老師教了什麼？」

——爸爸，其實我想跟你分享一下我跟同學之間的趣事。

「上次默書成績如何？」

「……七十八分。」

「只有七十八分！？你是怎麼搞的！？」

——媽媽，老師覺得我畫的畫很漂亮，貼在壁報板上給同學看，你知道嗎？

「為什麼會欠交功課？你是不是偷懶了！？」

——爸爸，其實我追不上學習進度，我根本就不懂老師所教的……

「其實你是一個聰明的孩子，是一個資優生，為什麼你情願打機也不去溫書？」

——爸爸，你對我的稱讚總是跟學業掛鈎，試問除了成績外，我在你眼中還剩下什麼？

慢慢的，親子之間只剩下單向、片面的成績匯報，關愛也看似是有條件的。

「為什麼！？為什麼她要自殺？」、「他是我的希望……為什麼……」、「明明他早上仍開開心心跟我吃早餐，為什麼一轉眼就……」大多數父母在得知子女自殺後，都是不可置信、充滿疑問，有些甚至連子女不開心也不知道。

當不幸的事情發生後，父母只有透過寥寥數十字的遺書解讀子女真正的心底話。事實上，他們無法再親耳聽到子女的聲音，無法再親口訴說對子女的愛，子女亦再無法知道父母其實深愛着他們，一切的祈盼都已經太遲了。

世間所有的悲痛，實在不能輕易用筆墨去形容，特別是「白頭人送黑頭人」的痛苦。由十月懷胎、蹣跚學步、牙牙學語，每一聲歡笑聲，每一個片段，每一個生日，每一個第一次，都無法令父母忘懷，這些影像只會一直在他們的腦海裏不斷盤旋。失去骨肉就猶如一把利刃直插心臟，內疚、自責、無助、遺憾，可能一直、永遠，都不容易拔出。

　　當父母篤信自己「一切都是為他好」的時候，為何子女並不能感受到他們的苦心？而所謂「為他好」，是否只限制在學業成績上？

勉勵篇：學習與子女溝通

子女是一個獨立個體，他們的出現並非為了滿足父母的面子或父母未完成的夢想。尤其是主要照顧者，要注意別把自己的價值強加於子女身上，特別是在學業成績上。

　　除了成績以外，父母們還可以跟子女談談以下的問題。

1. 人物：如孩子的同學和老師

　　(1)「班上最頑皮的同學是誰？」

　　當子女說出是誰的時候，父母就可以跟進他做了什麼、老師和其他同學的反應如何等等，但謹記不要立即說教或教訓子女不應學習這些同學，因為很多時他們內心已懂得分辨是非。父母可以牢記着該同學的名字，有助與子女延續話題。

　　(2)「你最喜歡哪一位老師？」

　　父母同樣可以藉由子女喜歡的老師展開話題，例如問「這位老師與其他老師有什麼不同之處？」、「平日這位老師會怎樣跟學生相處？」等等的問題，但切記不要跟子女一起數算老師的不是，否則這或會成為子女的壞榜樣，令他們變得不尊重老師。

　　父母可以跟進子女曾經提及過的老師及同學的近況，好讓他們感受到父母對他們的重視，會把他們講過的話放在心上，從而樂意繼續分享他們的世界。

2. 事情：如孩子的興趣、喜歡的課堂（視藝、體育、家政課等）、學校午餐、學校小食部的食物等

　　「今天視藝課畫了什麼畫？」

　　「你午膳跟誰吃？吃了什麼？好吃嗎？」

　　這些問題可以讓父母了解子女的喜好、人際關係等，父母亦可以善用「怎樣」的發問技巧來表達對話題的興趣，例如：「你怎樣畫的？」、「這麼難吃，你怎樣忍受？」、「你怎樣做得到？」等。發問時應避免連番追問，免使其感到像被「盤問」一樣，亦應配合子女的步伐來作出回應，這樣就更能讓他們感受到父母的誠意，並樂意分享。

　　總之，父母與子女的話題應該圍繞子女感興趣的地方，並非父母的單一興趣——學業成績。

參考文獻

Chan, W. S. C., Law, C. K., Liu, K. Y., Wong, P. W. C., Law, Y. W., & Yip, P. S. F. (2009). Suicidality in Chinese adolescents in Hong Kong: The role of family and cultural influences. *Social Psychiatry and Psychiatric Epidemiology*, *44*(4), 278–284. https://doi.org/10.1007/s00127-008-0434-x

Ho, T. P., Yip, P. S. F., Chiu, C. W. F., & Halliday, P. (1998). Suicide notes: What do they tell us? *Acta Psychiatrica Scandinavica*, *98*(6), 467–473. https://doi.org/10.1111/j.1600-0447.1998.tb10121.x

Li, F., Lu, X. S., & Yip, P. S. F. (2019). A study of the characteristics of suicide notes in China. *Crisis*, *41*(1), 1–7. https://doi.org/10.1027/0227-5910/a000601

Wong, P. W. C., Yeung, A. W. M., Chan, W. S. C., Yip, P. S. F., & Tang, A. K. H. (2009). Suicide notes in Hong Kong in 2000. *Death Studies*, *33*(4), 372–381. https://doi.org/10.1080/07481180802705791

做自己

張鳳儀

　　一大清早，研究中心來了六個年青小伙子，他們談吐有禮、舉止得體，滿有朝氣和活力，我起初以為他們只是葉教授的學生。可是，他們的出現竟令一眾年青同事竊竊私語。原來，他們是香港 Hip Hop 組合之一，「米奇老味神奇屋」（The Low Mays）的成員，他們成立已五年有多，一共有六位成員。

　　我連忙到 YouTube 搜尋他們的錄像，期望能認識他們多一點。錄像中，他們頭髮不是金黃，就是紫紅，眼睛畫上深黑的粗邊眼線，手臂或是脖子上紋上了不同圖案，歌曲內容市井、粗俗、露骨，涉及「劈友」、「黑社會」、「白粉」、「政治」、「性愛」等禁忌，作品題材敏感。我可能已經過了反叛的年代，總是沒法把整首歌曲的錄像看完，要欣賞，真的不知從何入手。

　　他們自稱「富林黨」，各成員分別以奶油包、馬太福音、劈友方、健康華、蜜蜂翁、漢和等為別稱，而媒體跟他們的訪問也都是「無厘頭」及「九唔搭八」。他們與眾不同的演繹手法，無疑受到了一些年青樂迷的追棒，但也引起了不少負評，指責他們「教壞細路」。對於「教壞細路」的抨擊，他們一向懶理，以「大家不應站在道德高地，潔癖地批評，我們觸及那些禁忌是為了讓大眾有更深入的反思」一句回應抨擊，堅持以戲謔的手法，在歌詞中諷刺香港不同的社會現象。

　　「不反叛的世界就不是完美的世界。反叛不代表所有東西都要180度反轉，什麼都不做，什麼都不要，而是要自己去想清楚。直到世界完美之前，我們還是要反叛下去。」米奇老味神奇屋這樣解釋他們的反叛。

　　他們的作品看來很難得到「大人」、「父母」的垂青，更莫說頭頂掛上光環的「專業人士」。諷刺地，他們的父母正正符合以上三個條件。成員出身在中產家庭，中學畢業於港島區傳統名校，現在是初出茅廬的專業人士，仍然醉心在他們的音樂上，繼續發表反映時弊的歌曲。

　　他們是身心被抑壓得太久，所以特別的反叛嗎？語無倫次背後，只是想引人注意吧？是的，他們的確是希望引起大眾注目，掀起討論，但討論目標並非他們本人，而是他們刻意觸及的禁忌。如他們所言：「現實歸現實，但不要被現實打敗，而放棄夢想。當還未開始探索未來時，就已經被別人扼殺所有憧憬，一雙雙無形的手將年青人推向所謂的『康莊大道』。試問有多少人為了那『更好的未來』，而做着自己討厭的事？」

他們希望透過作品能啟發他們這一輩，去做自己想做的事，不要被世俗的期望鉗制。而嬉笑怒罵、充斥「粗言穢語」的歌曲背後，其實表現着一個崇高的理念，就是「做自己」。

究竟他們的父母能否接納他們這麼「出位」的形象？父母又是怎樣栽培這些年青人的？事實上，他們的父母抱着「接納」、「信任」和「同理心」去理解他們的想法，「接納」這些與自己不同的年青一代，「信任」子女本質的美善，鼓勵他們獨立思考，創造夢想。六個年青人的父母都經常不約而同地出席他們的演唱會，展現出「超級粉絲」的氣魄。

後記：他們六子當天上研究中心的原因，是把演唱會部分的收益捐出作推動精神健康的項目。

註：米奇老味神奇屋的成員分別是 Daniel Yung、Nick Lin、Matthew Cheah、Justin Fong、Arnold Seto 及 Nile Hysan。

增潤篇：親子關係的根基——同理心

「同理心」，意指站在對方的立場，體會他人的情緒和想法、理解他人的處境和感受，並站在他人的角度思考和處理問題。

和諧親子關係的關鍵：

1. 表達同理心
   (1) 設身處地：代入對方身處的場景，想像對方所面對的挑戰和感受。
   (2) 積極聆聽：不加批判，不急於替對方解決問題。
2. 正向回應
   (1) 無條件接納：接納及肯定子女所表達的情緒。
   (2) 鼓勵作多角度思考：同一件事情，用不同的角度思考，就會產生不同的理解；理解不同，所產生的情緒反應和做法就有所分別。

子女年幼時，父母都扮演着一個照顧者和教導者的角色。然而，當子女進入青少年階段，相處模式就不能一成不變。踏入青春期，在荷爾蒙的影響下，青少年的身體作出多方面的改變，大腦亦正進行重組工程。青春期人體的大腦容量大小相對穩定，但腦部各區域之間的聯繫會增加。另外，主導情緒的杏仁核（amygdala）大腦邊緣系統功能逐漸強化，而負責控制衝動的前額葉皮質（prefrontal cortex）則還未成熟，因此在大腦發展不一的情況下，驅使青少年容易表現出衝動、追求刺激、情緒化、疏遠父母、親近同儕等行為。在成人眼中，他們表現叛逆、自我中心，但其實這是成長的必經階段，是子女預備面對複雜世界的正常學習過程。

增潤篇：青少年成長時的心理需要

1. 重視自我形象
   - 青少年對自己的外貌、身型和內在的自我都十分重視
   - 自尊感仍在不斷發展，有時覺得自己無所不能，有時又自信不足
   - 在尋求身分認同的過程中，或會容易模仿某一類人或崇拜偶像

2. 尋求獨立自主
   - 會喜歡挑戰權威，如父母、老師
   - 重視私隱，渴望擁有私人空間
   - 希望建立獨特的自己，包括外型、風格、喜好等

3. 重視朋輩的認同
   - 會不自覺地因為渴望得到朋輩的認同而追隨潮流，有時亦會放棄或改變一些原有的做法、行為和標準，又或在朋輩壓力下作出另類的行為

4. 對新事物感到好奇，勇於冒險嘗試
   - 興趣廣泛、求知慾強、有冒險精神，同時又會容易變得衝動，或者害怕失敗

5. 「浪漫化」現實環境
   - 看待事物充滿幻想，容易忽略客觀環境限制，從而感到沮喪

6. 感情豐富，情緒易波動
   - 容易受外界事物的感染
   - 較情緒化，時而激昂亢奮，時而情緒低落

7. 對性感到困惑
   - 對各樣性生理的變化感到好奇
   - 對戀愛與異性產生憧憬
   - 有時會對自身的性取向，或性別產生疑惑

勉勵篇：與青少年溝通的小點子

✓ 表現尊重，交談時要有眼神接觸、專心一意，尤其要放下手上的工作，特別是手機

✓ 代入子女的處境，感受當下的情緒

✓ 先肯定子女的情緒
   - 例句：「似乎你有啲忟憎，係唔係學校有嘢令你激氣？你想講嘅時候，就講我知啦！」

✓ 肯定子女的內在價值，例如：樂於助人、有洞察力、有幽默感、有好奇心等
  ○ 例句：「喺呢個學期裏面，睇得出你比以前負責任，交齊咗所有功課。」
✓ 留有空間，別急於教導或訓示「正確」的道理
  ○ 例句：「唔緊要嘅，如果你想聽我嘅睇法，你就同我講啦！」
✓ 針對當下的事，而非過往的事，也小心別作人身攻擊或語帶侮辱性字眼
  ○ 例句：「我唔開心你剛才嘅態度，我只係叫你洗碗，你就面黑！」
✓ 發現自己有誤會時，勇於認錯
  ○ 例句：「唔好意思，我頭先誤會咗你，原來你唔係唔想洗碗，而係驚趕唔切做完啲數學功課。」

參考文獻

Csoti, M. (2000). *People skills for young adults*. Jessica Kingsley Publishers.

Mortimer, J. T., & Finch, M. D. (1996). *Adolescents, work, and family: An intergenerational developmental analysis*. SAGE Publications.

Simpson, A. R. (2001). *Raising teens: A synthesis of research and a foundation for action*. Harvard University School of Public Health, Centre for Health Communication. http://www.hsph.harvard.edu/chc/parenting/raising.html

完美終結

張鳳儀

近年，電視上不時出現了「逆齡生長」、「退休保障」等的廣告，「不老傳說」、「長命百二歲」等的資訊節目也紛紛湧現，彷彿人口老化的議題已迫在眉睫，而這情況也確實反映在政府統計數據之上。在2015年，本港有大約112萬名長者，約佔730萬總人口的15%，即大概七人中便有一人是65歲或以上長者。然而，根據政府最新推算，本港人口增長速度將在未來數十年放慢。到2040年，香港總人口將達到約820萬，當中接近三分之一（大約250萬）為65歲或以上長者。

不過，長者一直是自殺的高危群組。對比本港不同年齡群組的自殺率，60歲以上的長者一直都是自殺率中最高的一個年齡族群。2016年死因庭的數據顯示，以每十萬人口計算，有21個長者死於自殺，而男性的自殺率往往比女性為高，達到兩倍以上（男性是29.3，女性則是13.4）。因長期病患或慢性痛症而自殺的長者人數，就超過了自殺長者整體數字的一半。同時，有研究顯示若長者夫婦一人離世，另一人獨居並有長期病患，則後者通常都是自殺高危人士。另外統計處數據指出，至2016年全港約有15萬名獨居長者，當中一半人因為日常較少與人交流而出現了「社交隔絕」，這種強烈的孤獨感也增加了長者自殺的風險。在新冠肺炎大流行時，政府為了減低病毒傳播而實施了社交距離的措施，導致許多日間長者中心暫停開放、康樂設施關閉、院舍禁止探訪等，這些措施都一一遞增了長者的孤獨感，同時也增加了他們自殺的風險因素。

傳統中國社會重視家庭，長者為下一代勞碌大半生，寄望晚年子女可以照顧他們。惟現今社會壓力大，成年子女未必能與父母一起生活，「百行以孝為先」的想法亦隨社會觀念的轉變而瓦解，老人家或因此感到孤單寂寞。尤其節日過後，更是長者自殺的高危時間。最駭人的是，在2014年中秋節過後兩天內，本港就有多達七宗長者自殺案。

就如這故事中的何婆婆，經歷了老伴病逝後便開始萌生了自殺念頭，斷斷續續用上18年的時間，去記下自己的掙扎。從日記可見，她藏在心底的自殺念頭，隨着身體日漸虛弱而增加，自殺的想法漸漸變得堅定了。

「悲歡離合，難以預料，生無可戀，事事偏偏不能如願。我討厭自己八十幾歲人，不但對社會毫無貢獻，更是子女的負擔，那我還留在這世上幹嗎？」

然而，她沒有下手，內心反覆掙扎。

「兒女已成家立室，我已毫無牽掛，什麼時候我才可以離開這個世界？但為了兒女的聲譽，我還是不可以亂做傻事。」

後來，經歷親妹的離世，何婆婆心裏更添哀怨。

「妹妹患上末期肺癌，跟我老伴一樣，病症發現得太遲，這實在令我悲痛欲絕。何解至親至愛都患上此絕症呢？回想日軍侵華時期，捱盡飢寒之苦數十年，現在兒女長成，生活稍為改善，卻要不斷經歷死亡，我不願，又有何用？」

後來，女兒懷孕，子女特意抽空陪伴，自殺念頭才有一刻喘息。

「女兒剛懷孕，我不能影響她的情緒，唯有延遲我的計劃吧！」

「去完東北旅行，我覺得此生已無憾，其實又有幾多個兒女肯帶老人家去遊山玩水呢？老二和媳婦都值得一讚！」

「殘冬已過，又到春回大地。過年的時候，總是覺得這是我最後的新年，年年如是，不知何時才能結束？不過今年新春，因為初一至初八每天都有兒女來陪我雀戰，我感到十分開心！」

無奈，兒女們有自己的家庭及工作，無暇天天陪伴，只有婆婆與家傭朝夕相對，每天都與病痛和孤寂搏鬥。

「每天都要吃十粒八粒藥丸，五顏六色，又要戒口，家傭嘮嘮叨叨叮囑我什麼不可吃、什麼不可做，我覺得這樣做人毫無意義，實在厭煩，真是生不如死！」

「我還不走的話，就會讓人覺得我神憎鬼厭！」

「歡樂的春節過後，覺得有種難以形容的寂寞。兒女雖然孝順，但我總是覺得自己年紀愈大，他們的負擔就愈重，又要花錢在我身上，又要陪我過節……如果我走了，他們是否會輕鬆得多呢？還有我覺得人老了就會變得無用，就算兒女有困難，我也無能為力。」

「這幾年出出入入醫院，不是發燒，就是暈倒，瘦了十多磅，死又死不去，現在連走路也困難，身體根本不能好轉，與其留在世間「獻世」，不如提早了結人生！」

最終，何婆婆選擇了在端午節過後的日子自殺。她認為天氣和煦，子女為她辦後事也比較舒服。一個如常的下午，她與家傭在海邊散步時，隨意找個藉口打發家傭先回家，然後按着她設定的計劃，一步一步走向海中心，提早結束了自己的人生。

「希望兒女能夠體諒我，我已差不多活到九十，什麼都夠了！若果再次中風，要依靠輪椅過活，必定會後患無窮，到時便生不得求死不能，我最怕

連累到兒女。我不會跳樓，不會被車撞，因為不想死無全屍，所以選擇了最『完美』之路。」

何婆婆走了，帶走了身體上的病痛，卻帶不走兒孫的內疚和自責。「為什麼我沒察覺？為什麼我沒盡孝道？為什麼我會令媽媽這樣痛苦？為什麼⋯⋯」

生、老、病、死是人生必經階段。何時生、哪裏生，無人能預料；何時死、哪裏死、如何死，亦非人所預知。長者曾經歷戰亂、抵禦迫害、捱過飢渴、撐過寒冬，卻敵不過身體的衰殘、慢性的痛症、老伴的離世和積壓的愧疚。因為這份孤獨和無力感，有些長者決心違背老天爺的意願，強行提早結束人生，令人生的終結添上不必要的悲嘆。

勉勵篇：與患病長者溝通的小點子

特別是面對長期病患或慢性疾病的長者，我們可以透過製作小禮物或與他們傾談過去生活的點滴，來展示對他們的關顧和諒解，好讓他們能夠「活在當下」，享受餘下的歲月。謹記「病」只是長者當下呈現出來的其中一面，他們還有許多「面」，等待展現他們真正的價值。

為長者製作禮物的小建議：

1. 製作相冊記錄與長者的生活點滴，以製造話題分享生活的趣味。
2. 以短片形式記錄與長者生活的點滴，以製造話題分享生活的美好。
3. 播放長者喜歡的歌曲，分享喜歡的原因、當中的往事等。
4. 製作鼓勵小盒子，把寫上鼓勵字句的紙條放入盒內，讓長者隨時可以取閱。
5. 聯同親友們一起與長者出外用膳，讓長者能吃喜歡的食物。

事實上，我們不但需要學習與長者相處，也需要學習如何經歷年老。在衰殘的身軀背後，長者累積了許多人生智慧，就如以下小故事中的張伯一樣。

「人老了，真是沒有用，行又行得不好，睡也睡得不好，小小事情也要靠人幫，真沒用！」一個九十多歲的獨居長者仗着拐杖氣呼呼地説。

「不是吧！若果我能像你一樣，活到九十多歲仍然行動自如，這算是我的一個福分呢！」鄰居婦人急忙回應。

「我是山東人，從前幫國民黨打仗，身體好好，現在卻不中用了！」老翁垂頭喪氣接着說，「你看看我這雙腿，現在上樓梯也有困難，拐下拐下，雙眼剛剛做了白內障手術，總之，周身都不舒服⋯⋯」

「嘩！張伯伯，你是山東人，還打過仗，怪不得你這麼高大強壯了！」小婦人像是發現新大陸般驚訝地說，「張伯伯，不如分享一下以前最驚險的一幕好嗎？」

「以前，我們……」張伯開始滔滔不絕地訴說着以前打仗的軼事。

人一生是否就註定由璀璨走到絕望，由光明走到昏暗？終結是否就是無奈，就是遺憾？不連累他人就等於「完美」？其實，晚年可以不是「陰沉」的，我們可以不用「麻煩」、「負累」、「固執」、「厭惡」、「退化」、「沒有生產能力」等字詞來形容它；相反，我們每一個都可以成為一個好鄰舍，為彼此的晚年重新加添色彩，發掘長者一個又一個「英明」、「堅毅」、「睿智」、「自強不息」、「刻苦耐勞」、「堅韌不拔」的精彩故事。

除了家人的陪伴，睦鄰互助一樣可以讓長者得到支持，從而安享晚年。為此，本中心一直促請政府在提供安老服務時，不要只提供宿位，而是要建立一個健全的社區，讓長者可以互相支援，做到真正的老有所依。

勉勵篇：與長者溝通的小點子

跟長者溝通，態度要真誠、尊重，謹記雙方在平等的地位，避免抱着可憐對方的心態。

1. 從長者的喜好開始
   - ✓ 家人、義工定期的探訪，尤其喜歡與小孩子接觸
   - ✓ 陪伴進行活動，如上酒樓、打麻雀、散步、做健體操、耍太極等
   - ✓ 嘗試達成他們的心願，如參觀主題公園、去旅行等

2. 溝通時要注意
   - ✓ 用心聆聽、有眼神接觸
   - ✓ 易地而處
   - ✓ 嘗試理解長者說話背後的意思
   - ✓ 說話大聲一點，慢一點
   - ✓ 可用手勢、表情、接觸其手掌、肩膊、臉龐等地方表達關愛，但留意需顧及對方的性別及與對方的關係
   - ✓ 用字簡單、具體，句子要簡短
   - ✓ 開放式問句，如怎樣、什麼等
   - ✓ 要有回應，如「嗯」、「噢」、點頭等

3. 應謹慎處理的事情
   - ✘ 傾談前留意環境是否適合
   - ✘ 避免爭辯
   - ✘ 不要順口開河，隨意許下空頭承諾
   - ✘ 如長者有意避談某些話題時，應點到即止，特別有關其家人的去向或獨居的原因等

4. 可以與長者傾談的話題
   - ✓ 喜歡吃的餸菜
     例如：「你喜歡吃什麼菜式？」、「你懂得怎樣煮這道菜嗎？」、「哪裏好吃？」
   - ✓ 身體狀況
     例如：「需要覆診嗎？」、「誰陪你去覆診？」（如無家人陪伴，可以介紹長者到地區長者服務中心申請陪診服務）
   - ✓ 日常的生活
     例如：「平日你喜歡做什麼？」、「有什麼興趣？」
   - ✓ 投其所好
     例如：「你什麼時候學的？」、「有沒有師傅？」、「最難是什麼？」、「可以表演來看嗎？」（部分長者喜歡表演，但不要勉強）
   - ✓ 介紹地區長者服務中心的活動
   - ✓ 可以先搜集資料，看看地區中心有什麼定期服務或最近有什麼活動，並向長者介紹，但不要強迫參與，例如：「知不知道樓下的長者服務中心最近有健康講座，有興趣去參加嗎？」、「附近那間長者中心有健身器材，伯伯，你可以去玩呀！」
   - ✓ 對過往成功的經驗加以肯定
     例如：「伯伯，原來你以前有幫手興建地下鐵路，沒有你們，我們現在不會這麼便利了！」、「婆婆，你一個人打工就可以湊大五個孩子，一點都不容易啊！」、「以前打仗時，你的生活怎樣過？你很堅毅啊！」

   有需要的話，可以到社會福利署申請長者社區照顧及支援服務：http://www.swd.gov.hk/tc/index/site_pubsvc/page_elderly/sub_csselderly。

參考文獻

Chi, I., Yip, P. S. F., Yu, K. K., & Halliday, P. (1998). A study of elderly suicides in Hong Kong. *Crisis, 19*(1), 35–46. https://doi.org/10.1027/0227-5910.19.1.35

Chiu, H. F. K., Yip, P. S. F., Chi, I., Chan, S., Tsoh, J., Kwan, C. W., Li, S. F., Conwell, Y., & Caine, E. (2004). Elderly suicide in Hong Kong—a case-controlled psychological autopsy study. *Acta Psychiatrica Scandinavica, 109*(4), 299–305. https://doi.org/10.1046/j.1600-0447.2003.00263.x

Yip, P. S. F., Chi, I., & Yu K. K. (1998a). A perspective of elderly suicide in Hong Kong (in Chinese). *Hong Kong Elderly Association*, 15–27.

Yip, P. S. F., Chi, I., & Yu, K. K. (1998b). An epidemiological profile of elderly suicides in Hong Kong. *International Journal of Geriatric Psychiatry, 13*(9), 631–637. https://doi.org/10.1002/(sici)1099-1166(199809)13:9<631::aid-gps836>3.0.co;2-a

Yip, P. S. F. Chi, I., & Chiu, H. (2001). *Elderly Suicides in Hong Kong*. Hong Kong Health and Welfare Bureau. https://www.elderlycommission.gov.hk/en/download/library/W_020513/full_report.pdf

討論安樂死

鄧琳

　　在香港，長者一直是各年齡層中自殺率最高的一群，多年來均比全港人口整體自殺率多出一倍。然而，社會卻一直少有關注長者自殺問題。在 2019 年發生的一宗年邁長者殺妻的案件，新聞報導後引起社會熱烈的討論。

　　「自 76 歲的妻子中風癱瘓後，現年 81 歲的黃伯便不離不棄地照顧妻子的起居飲食，但他擔心自己一旦死去，妻子會無人照顧，於是忍痛先把她殺死，繼而自首。其實早在案發前一個月，黃伯已寫下遺書，打算殺妻後再了結自己的生命。最後他沒有自殺，選擇自首，望能留住性命，讓公眾知道雙老照顧之苦。」

　　這現象可能反映了社會大眾的無力感，認為晚年淒涼雖令人惋惜，卻也是無可奈何。法官開恩輕判黃伯因禁兩年，但他對社會提出的控訴，卻令人心痛且值得深思。

　　「一個人最困難的就是生不如死，我覺得香港要有安樂死。」他提到。

　　「只有生活有經驗、受過折磨的人，才會明白為什麼我會提出要有安樂死。」他希望社會能接受安樂死。

　　「讓我合法安樂死，就不用浪費那麼多社會資源了！」他大聲疾呼。

　　他掙扎的背後正反映着「年邁就是負累」的想法，這正是長者自殺常見的其中一個風險因素。

　　在遺書研究中，我們從死因裁判法庭，收集了 154 封從 2012 到 2016 年間自殺長者的遺書。當中有註明尋死原因的，主要莫過於因病厭世及不想繼續承受病痛的煎熬。寥寥數字的遺書，流露出由負累感衍生的歉疚。有的遺言坦然害怕自己無人照顧，而有家人照顧的，卻認為「自殺」是對家人及照顧者的解脫，不用拖累大家，並在字裏行間處處安慰未亡人。令人感慨的是，有自殺輕生的長者在面對生命中不能承受的痛苦時，也不忘提醒家人要通知社署取消生果金，以免浪費公帑。

　　自殺行為也被當事人解讀為對生命作最後的掌控。

　　「趁身體還有氣力時，自行了結生命是『自我安樂死』。」

　　「與其過着沒有質量的生命，不如提早了結；與其霸佔一個床位，倒不如讓能夠康復的人用，免得浪費社會資源。」

「人年紀大了，每天帶着無用的軀殼，過着沒有質量的生命，生存意義何在？」

「為了下一代好，我都不想再負累他們，我已經活得足夠了。」

他們自行了結生命，就誤以為是對身邊人「負責任」的解決方法，卻不自覺地在後輩的心深處留下一片陰影。

老土地說，生老病死為人生必經階段，無人倖免，但無論富有的、貧窮的，都應該可以有尊嚴地走完人生的下半場。

可惜，悲劇還未有止息的跡象。在 2021 年，當社會大眾關心新冠疫苗的效用時，就有一八旬病翁因擔心無力照顧患柏金遜症的妻子，在殺妻後上吊自殺，雙雙共赴黃泉。儘管父親曾向兒子表達困苦，但也無法化解其困擾。事件再次引發社會的討論，特別在疫情間，雙老家庭「以老護老」所面對的壓力根本不足為外人道。長者的照顧急需要外間的支援，否則悲劇只會重臨。

加拿大於 2016 年批准安樂死合法化，但有醫生組織指出，政策實施後令社會對增加紓緩治療服務訴求的輿論減少。有病人原本希望得到紓緩治療，卻因紓緩治療服務短缺而無奈「選擇」了安樂死。因此，我們不能掩耳盜鈴，誤信安樂死就能解決晚年問題，或臨終服務的缺欠。反之，政府應積極改善照顧長者的服務，以及臨終病人的紓緩治療，與各階層共同締造美好環境。在相互彼此的配合下，就能讓長者有尊嚴地度過一個身心安穩的晚年，不需要在迫不得已下去選擇自殺或安樂死。

我們尊重生命，代表着尊重每一個生命的階段都需要得到社會妥善的保護，得到足夠的醫療和社區各範疇的服務和配套。在如今還是「支援不足」的前題下，討論安樂死實在是言之過早。

增潤篇：輕生者所表達的自殺原因

從 65 歲以上年齡群組自殺死者留下的遺書中（2012–2017 年香港遺書研究），最高比率的自殺原因是「身體的疾病或痛症」，以及「不想再受折磨」。

而安樂死意願背後的四項主導因素：

- 對家人的負累感
- 對生命的掌控感
- 因疾病而生的抑鬱或其他情緒困擾
- 末期病症伴隨的痛苦

增潤篇：政府可以為長者多行一步

1. 改善安老院和日託服務
   - 加強專業服務和強化社區支援
   - 增加撥款資助社福機構
     - 善用科技產品提升安老及康復服務
     - 提供專業團隊外展和醫生到診服務
     - 增加言語治療服務，協助有吞嚥困難或言語障礙的長者
     - 增加安老院基層護理人員的薪酬，以解決護老行業人手不足的問題
2. 擴展紓緩服務方面
   - 照顧末期病患及臨終長者的身心靈需要
   - 紓緩長者家人因照顧而產生的壓力
   - 增加臨終人士自主的措施

參考文獻

Chi, I., & Yip, P. S. F. (2001). Suicide behaviour in Hong Kong elderly. In D. DeLeo (Ed.), *Suicide and euthanasia in older adults: A transcultural journey* (pp. 97–115). Hogrefe & Huber Pub.

Shum, A. K. Y., Lai, E. S. Y., Leung, W. G., Cheng, M. N. S., Wong H. K., So, S. W. K., Law Y. W., & Yip, P. S. F. (2019). A digital game and school-based intervention for students in Hong Kong: Quasi-experimental design. *Journal of Medical Internet Research, 21*(4), e12003. https://doi.org/10.2196/12003

葉兆輝、鄧琳（2019 年 4 月 6 日）。〈防長者自殺　容有尊嚴走最後一程〉。香港經濟日報。https://bit.ly/3gQTVU9

釋懷．重繫

葉兆輝

「媽媽，天堂有電腦嗎？你可以上互聯網嗎？如果可以的話，希望你能看看我新開的個人網誌，我有很多東西要告訴你。媽媽，你可以給我回信嗎？」

「每個夜闌人靜的晚上，我都會問自己不下數千萬次，為什麼？是否我給了你太大壓力？是我照顧得你不好嗎？我的女兒從小到大都是一個膽小、溫馴的孩子，連小昆蟲都不會傷害，為什麼你對自己就這麼殘忍？用這麼暴力的方法去對待自己？」

「爸爸，自從你離開以後，再沒有人替我打甲由，媽媽整天只是發呆……」

「媽媽自殺死後，我的內臟好像纏繞在一起，不知道可以跟誰人說，也不知道可以怎樣說，那種感覺好難受。」

「爸爸，今次學校旅行是去郊野公園，我和同學起初都好開心，但是……但是當知道午餐是燒烤後，我就很害怕，因為每次當我看見那些燒烤炭，你那睡着的樣子就自動浮現我的腦海，我雙腳會突然乏力，全身僵硬，動彈不得。我可不可以不去燒烤？不如連旅行都不去吧？」

「我好怕麻煩人，不知道他們會怎樣看我，對我說些什麼話，所以我寧願獨處。我曾嘗試用工作麻醉自己，不斷加班，希望身體疲累了，一回家就能呼呼大睡，逃避心中那傷口。可是這十年來，我已習慣了枕邊有你，現在……我只能輾轉反側，呆坐到天明。」

自殺者親友的內心永遠沒法平靜。望着那扇窗戶，想起他；蓋上眼睛，想起他。他的身影，他的氣味，與他共處的時光……為了重新與自殺者連繫，生命熱線「釋心同行」自殺者親友支援計劃的參加者們，為至親寫下一封封寄往天國的信。

他們在至親自殺後，都經歷過震驚、憤怒、疑問、內疚、羞恥、恐懼，甚至抑鬱。不但心靈受重創，哀慟的情緒也反映在身體上，他們持續受失眠、頭痛、食慾不振、呼吸困難、肌肉無力等病痛的困擾。至親自殺的事件猶如一個突然投下的炸彈，粉碎了他們生命原來的軌跡、粉碎了家人間的信任、粉碎了一直抱負的價值觀。

支援計劃為他們找到同路人，配合專業社工的指引，透過小組及活動，讓他們彼此分享，釋放心中鬱結，走出陰霾，重新凝聚自殺者親友的力量，攜手共渡生命低谷。

「我體會到親人離世那份不可言喻的痛楚，我真的不想，也不願意他們因為我而再次受到傷害。為了他們，我要重新出發，不可以繼續讓哀傷影響生活！」

「兒子再三懇求我不要哭，擔心連我也會離開他……為了他，我不會容許自己再沉溺下去！」

「死亡結束了生命，但沒有結束我們彼此間的關係，她仍活在我和女兒生活中的每一個細節裏！」

「為了延續女兒的夢，我上了她的網誌，執筆替她寫下去，彷彿在網誌裏，我們心靈能相遇……」

「親愛的爸爸，我英文默書取了90分，你放心吧！我會努力讀書，我也會好好照顧媽媽和弟弟，我拿了默書簿給你看，希望你在天堂身體健康。」

「我帶着他生前最喜歡的手錶，恍如每天還跟他在一起。」

「記得你年幼時每逢星期六的早上，總愛拉着我的手，嚷着要買旗。如今你雖然不在，我都會繼續買旗，彷彿我仍是牽着你的小手，一起去買。」

「從前的我，出門時總愛拖拖拉拉，不免會遲到，但是因為媽媽你是一個守時的人，所以我現在會把你的美德延續下去。」

在分享會中，參加者一個一個站起來，不是要忘記，而是去重新理解至親自殺的原因，接納自己情緒，容許傷痛，容許掛念，在心靈上重新與逝者連繫，開啟自己新的生活。好好活着就是對逝者最好的懷念。

筆者每次參與自殺遺屬的分享會，心裏都有一大感觸。他們重新振作的每一步都十分艱辛，提醒和教導了我要活在當下、學習感恩、珍惜所擁有的，並要好好生活，但願所有遺屬都能好好地活下去，這樣才是對逝者最好的懷念。

勉勵篇：安慰自殺者遺屬

如果我們身邊有親友經歷至親自殺，我們可以怎樣做呢？其實一些說話或微小的行動已經可以撫慰他們的心靈，向他們表達支持，同時給予他們空間慢慢復元就已經足夠。

1. 以行動表達關懷

例如：「你處理後事時，我可以先幫你照顧子女。」

「不要費神去買菜了，你們過來我家吃飯吧！」

2. 用心聆聽及給予空間
   例如：「你想講時，就講吧！隨時找我！」
3. 完全的接納、包容和信任
   例如：「如果你想哭，就哭吧！」
4. 定期持續的關心
5. 配合親友的哀傷步伐
   例如：「你有需要的時候，隨時找我吧！」
6. 留意特別的節日及日子
   例如：生忌、死忌、結婚紀念日、農曆新年、中秋節、聖誕節等
7. 鼓勵其參與相關的支援服務

留意，避免說出以下的說話增加遺屬的內疚感：

✗ 「你為什麼不好好照顧他？」

✗ 「為什麼他要這樣傻，要這樣做？」

✗ 「你是怎樣照顧子女的？」

✗ 「他死了也未嘗不是一件好事，至少他不會再連累家人。」

✗ 「這病折騰他久了，他的選擇（自殺）未嘗不好。」

勉勵篇：懷念逝者

就如迪士尼彼思電影《玩轉極樂園》的故事情節一樣，因為掛念，所以我們更懷念。但如果能與逝者親人重新連繫，紀念他/她都是其中一個能紓解自殺遺屬情緒的途徑，可嘗試思考以下問題：

- 「（逝者）在我的生命作了什麼貢獻？對我有什麼影響？」
- 「身邊的人會怎樣形容（逝者）？他/她有什麼特質是我欣賞的？」
- 「我認為（逝者）最欣賞我的優點是什麼？他/她最喜歡和我一起做什麼？」
- 「哪一個片段是我們在一起時最快樂的？」
- 「我能做什麼去延續這些快樂的片段？可以延續（逝者）美好的特質？」
- 「我可以怎樣傳承（逝者）美好的特質呢？」

同時，親人可以翻閱與（逝者）的照片，緬懷這段的關係，或是到訪（逝者）喜歡去的地方，緬懷他/她的足跡，如果有能力，甚至可以延續「逝者」的夢想（李光興，2013）等，這些都可以幫助我們紓緩這份懷念。

如有需要，可參考生命熱線—「釋心同行」自殺者親友支援計劃（https://www.sps.org.hk/?a=group&id=survivors）。

增潤篇：與不同年紀的孩子談死亡

至親離開，成年人也難以接受，孩子或對死亡一知半解，更可能因而在成長過程中產生負面影響。成年人應先處理自己的情緒，然後可以與孩子以下列五個事實來解釋「死亡」：

1. 死亡是所有生物也會經歷的階段
2. 死亡是不會逆轉的，即任何生物也不能復活
3. 當死亡發生，身體的器官及機能就不能再運作
4. 外在及內在的因素（如意外、疾病等）都會導致死亡
5. 死亡是一個必然會發生的事情

　　5至6歲的孩子可能大概會明白死亡是「必經階段」及「不會逆轉」的事實。隨着年紀漸長，孩子對於以上五個事實會有較全面的理解。

　　不同年紀的孩子在面對至親死亡時需要不同的照顧，以下按年紀説明：

0至3歲以下孩子
- 嬰幼兒需要穩定的時間表，儘量留在固定的地點（家中）照顧
- 可給予額外的擁抱及傾談
- 儘可能提供固定的照顧者

3至5歲孩子
- 清晰及誠實地向他説明至親已經「死亡」
- 嘗試用上述的五個事實來解釋死亡的意思
- 容許孩子發問，如遇上不懂得解答的問題，可誠實坦言「不知道」
- 形容孩子可能會有的情緒反應，告訴他「你可以哭！」
- 直接告訴孩子至親的死亡與其行為或説話無關，如「你好乖，爸爸的死是因為他的病（抑鬱症），不是你使到他死亡！」
- 讓孩子參與葬禮，並解釋其意義
- 容許孩子玩耍，因為玩耍是他們自癒的其中一個好方法

6至9歲孩子
- 孩子認知能力較高，會對死亡充滿好奇，可能會直接詢問有關的問題
- 以孩子的提問作主導，可以坦白、簡潔、直接的告訴孩子至親死亡的事實
- 主動描繪孩子或會有的情緒反應，如害怕、擔憂等，並向他説明這些情緒反應都是正常的
- 解釋死亡是不能回轉，事情的發生與孩子的行為和説話無關，不需要自責
- 讓孩子參與葬禮，並解釋其背後的意義
- 容許孩子玩耍，因為玩耍是他們自癒的其中一個好方法

10 至 12 歲孩子

- 以坦白、直接，他們能理解的說話告訴他們至親死亡的事實
- 小心言行，不要把責任歸咎到逝者、自己，或其他人身上
- 儘可能回答他們的提問
- 接納他們表達情緒的方式，不要勉強

12 至 17 歲青年

- 可誠實及直接地告訴他們至親自殺死亡的事實，儘可能回答他們所有的提問
- 可先分享自己的感受，並鼓勵他們也可以分享感受，以同理心去回應
- 讓他們可以安全地表達傷心的情緒，容許他們哭
- 適時擁抱他們，表示他們是值得被愛和被欣賞的
- 如青少年不容易向父母表達想法，可鼓勵他們找可信任的成年人，如老師、學校社工等分享感受及想法
- 給他們適當的空間，不要勉強他們一定要跟家長分享感受

　　除了耐心陪伴，給予空間讓孩子去抒發情緒，記得作為父母的你也不需要「裝強」，你可以流露哀傷，可以哭泣，這樣才會使他們更有安全感去表達內心真實的感受。

勉勵篇：與孩子談死亡的要點

1. 宜：

- 持開放的對話，以簡潔、直接，及孩子可以理解的詞彙去解釋死亡
- 成年人及孩子同樣可以表達傷心、害怕，也可以哭

2. 不宜：

- 別以其他詞語，如「睡着了」、「走了」、「去了第二個世界」等來替代「死亡」，否則孩子或會混淆死亡的意思，誤以為至親不想回家
- 別令孩子誤把責任歸到自己身上，如「因為我不聽話，所以媽媽不要我！」、「因為我上次駁嘴，激怒了爸爸，所以他就以後不要我了！」
- 關於自殺死亡的過程和方法是不需要描繪的

參考文獻

Carey, M., & Russell, S. (2002). *Remembering: responding to commonly asked questions. International Journal of Narrative Therapy and Community Work, 2002*(3). https://narrativepractices.com.au/attach/pdf/Remembering_Common_Questions.pdf

Feigelman, B., & Feigelman, W. (2008). Surviving after suicide loss: The healing potential of suicide survivor support groups. *Illness, Crisis, and Loss, 16*(4), 285–304. https://doi.org/10.2190/IL.16.4.b

Law, F. Y. W., Yip, P. S. F., Wong, P. W. C., & Chow, A. Y. M. (2017). Hong Kong: Support for people bereaved by suicide evidence-based practices. In K. Andriessen, K. Krysinska, & O. T. Grad (Eds.), *Postvention in action: The international handbook of suicide bereavement support* (pp. 391–395). Hogrefe Publishing.

生命熱線（2017）。《釋懷從心》。生命熱線。

李光興（2013）。《假如女兒沒有跳下去：自殺者爸爸活下來的勇敢之書》。一丁文化。

第四章

跟學生共行

藍鯨的挑戰

許麗澤

「大件事！有同學玩藍鯨。」

「明知是不好的遊戲，都要玩！」

黃主任是研究中心其中一所伙伴小學的教師，一向做事淡定，且有條理，所以他今天驚惶失措地來電，令我十分驚訝。

「究竟什麼是藍鯨？為什麼同學如此着迷？」

「我們在週會上已經警告過同學們，為什麼他們總是左耳入，右耳出？」

「我可以怎辦？怎樣勸阻同學？」

黃主任連珠炮似的連罵帶説，令我有點應接不暇。「藍鯨」遊戲之所以令人提心吊膽，皆因它通過洗腦方式，不知不覺地誘使參加者在 50 天內完成各種自殘任務，例如要求他們在身體上用利器劃出藍鯨圖案、觀看恐怖電影、凌晨 4 時 20 分起床、三天三夜不吃不喝、拍攝一些裸照等等。每次在參加者完成任務後，都需要提供照片或視頻作證據。到了第 50 天，參加者甚至會為了證明自己「贏得遊戲」而自殺。

心智發展未成熟的同學，初初接觸遊戲時未必能察覺到其危險性，但在參加以後，往往難以抗拒當中的誘惑，甚至不能自拔。

電話另一端沉寂片刻，漸漸傳來飲泣聲⋯⋯

「為何同學不明白老師的用心，學校為他們做了很多事，為什麼他們都感受不到？還要做出令人擔憂的行為？」

「我忽略了什麼？還是有什麼沒做好？我做錯了什麼？」

除了日常教學工作外，黃主任還投放了大量精神和時間處理學生問題，不但邀請專家到學校舉行講座，也舉辦了各種活動，希望改善同學的精神健康。現在得知有學生參與藍鯨遊戲，感覺一切努力都白費了，不免氣餒灰心。

勉勵篇：學生輔導與溝通

學校老師工作時間緊迫，在處理學生問題時，容易偏向「改卷」模式，即是找「錯處」。不是在自己身上找「錯處」，就是希望同學知錯，要求同學「改過」，務求能盡快解決（Fix）問題。

「錯在哪裏」或「即刻解決」的方針，只能換來表面順從，並不代表學生內心的認同。老師愈是心急去「找錯處」，學生們就愈是反感。當學生們感到：

- 委屈
- 不被聆聽
- 不被理解

他們就會出現叛逆反應，以「知道，明白，我改！」來敷衍老師。在欠缺信任和同理心下，老師看似完成了輔導任務，同學卻只會更隱蔽地繼續自己的「興趣」。教育的真諦應該是教育「人」，而非處理「事件」。

對於「藍鯨」遊戲，黃主任理解到同學在炫耀自己能夠完成任務的背後，其實是渴望體會現實中感受不到的「存在感」，即是當他們完成了一天的任務後，就能提升個人的能力感及自我優越感，從而證明自己的「能力」和「價值」。因此黃主任決定捨棄用權威的方式來制止，而是選擇循循善誘地教導。

「渴望被認同都是成長必經階段，我也曾經歷過啊！」

「其實你想得到自己的存在價值，都是人之常情啊！不如，我們一起研究有沒有其他方法可以提升這份『存在感』……」

其實老師和學生一樣，當感到被聆聽、被理解、被認同後，就能以理性分析事情，事情就隨之迎刃而解。強權高壓或「找錯處」的教育模式，只會容易造成對立，把同學內心深處的渴求藏得更深，無法客觀理性地梳理事情，更別想要正視問題的核心了。

參考文獻

Lai, E. S. Y., Kwok, C. L., Wong, P. W. C., Fu, K. W., Law, Y. W., & Yip, P. S. F. (2016). The effectiveness and sustainability of a universal school-based programme for preventing depression in Chinese adolescents: A follow-up study using quasi-experimental design. *PLoS One*, *11*(2), e0149854. http://doi.org/10.1371/journal.pone.0149854

Li, T. M. H., Chau, M., Wong, P. W. C., Lai, E. S. Y., & Yip, P. S. F. (2013). Evaluation of a web-based social network electronic game in enhancing mental health literacy for young people. *Journal of Medical Internet Research*, *15*(5), e80. https://doi.org/10.2196/jmir.2316

Shum, A. K. Y., Lai, E. S. Y., Leung W. G., Cheng, M. N. S., Wong, H. K., So, S. W. K., Law, Y. W., & Yip, P. S. F. (2019). A digital game and school-based intervention for students in Hong Kong: Quasi-experimental design. *Journal of Medical Internet Research*, *21*(4), e12003. https://doi.org/10.2196/12003

Shum, A. K. Y., Lai, E. S. Y., Leung, W. G., Cheng, M. N. S., Wong, H. K., So, S. W. K., Law, Y. W., & Yip, P. S. F. (2018). Effectiveness of using digital game-based and school-based inter-ventions to promote mental health in primary school students in Hong Kong (Preprint). *Journal of Medical Internet Research*, *21*(4), e12003. https://doi.org/10.2196/12003

一句肯定和讚賞

張鳳儀

　　人生的最後一段話往往不需要忌諱和掩飾，是最坦誠和真摯的心底話。在遺書研究的工作中，我每次讀到年青人最後的心聲時，也彷彿看到一幕幕子女不敢抬頭正視父母，只能低聲絮語地去表達自己的畫面一樣。他們努力掙扎，只盼望得到父母的一句肯定，奢望能有一句讚賞。

　　「爸，雖然我和你的關係好像『水溝油』，平日沒什麼溝通，只會吵架，但……我還是想說句對不起。年幼時你常常說我沒什麼用，但其實我在這十多年間一直努力成為一個出色的人，一直很想證明給你看，你這兒子也是一個『叻仔』。然而，今天再次證明了你是對的，你這兒子還是『無用』，真的對不起。」

　　「我讀書讀得不好，經常不合格，我好『無用』，又懶惰。媽，你還是不要花錢在我身上！我『無用』，千萬不要救我，我不值得！」

　　「爸，很感謝你多年來投放了大量資源和心血在我身上，但你可能會覺得不值得吧，生了我這個『無用』仔。我還沒有勇氣親口跟你說聲『我愛你，老豆』就永別了，很對不起。」

　　「媽，我知是我『無用』，什麼都做得不好，書又讀不成，現在又賺不到錢回家，請你當作從來沒有生過我吧！」

　　父母輕率說出的「無用」，已植根於這些自殺身亡的年青人心坎中。他們一生都想擺脫這「標籤」，但耳濡目染下，愈是努力掙脫，這「無用」的標籤就愈鑽愈深。久而久之，他們不再相信自己有能力改變，無形中深信父母是對的，他們根本無用，與其獻世，倒不如自我消失。

　　究竟什麼是「有用」？什麼是「無用」？是誰定義「有用」和「無用」？父母？學業？成就？薪酬？還是近年被追棒的「房子」？

　　父母對教養自己的子女總有自己的一套。有「望子成龍」的，就把自己未能完成的心願寄託在子女身上；有「狼爸」、「虎媽」的，就對子女學業成績視作首位，其他興趣和發展都變成阻礙物；有「直升機家長」的，就對子女呵護備至，事事親力親為，解決子女所遇到的大小問題；有「放任型」的，就給子女百分百的信任和自由，從不設立界線和規範，子女每每要求有「着數」才做，莫說關愛他人，就連禮貌也欠奉。然而，每個子女也是獨特的，究竟有沒有一道良方可以建立更好的親子關係？在管教與放任之間，父母該如何取得平衡？

圖4.1：2012–2017年在遺書中當事人所表達自殺身亡的原因
（字體越大，代表出現的頻率越高）

增潤篇：輕生者表達的自殺原因

從25歲以下年齡群組的輕生者留下的遺書中（2012–2017香港遺書研究），
最高比率的三大自殺原因分別是：負面情緒、人際關係（家庭和愛情），以及
學業和就業。

圖4.2：2012–2017年在遺書中當事人所表達有關情緒的字詞
（字體越大，代表出現的頻率越高）

增潤篇：輕生者表達的情緒

從25歲以下年齡群組的輕生者留下的遺書中（2012–2017年香港遺書研究），最常出現的三大與情緒有關的內容分別是：內疚自責、感謝和愛的表達，以及道別。

增潤篇：正向教育——認識和善用自己的品格強項

人類先天的本能（instinct）一般都是傾向負面的。遇上危險時，會特別提高警覺，然後選擇逃離或對抗（flight or fight），目的都是確保自身安全（safety and security）。另一方面，現代的教育則以找錯處為主，例如默書、測驗、考試等都是以找錯的地方扣分。從小到大的環境都容易讓子女變得負面，總會認為自己做錯，永遠也做得不足夠，就算父母之間有衝突（甚至離婚），孩子都有可能認為是自己「有份」促成的。

香港社會對子女的教養也是傾向糾正錯誤，甚少欣賞子女做得好的地方或本身的長處。對於長期缺乏自我肯定的孩子，我們該如何幫助他們尋覓和接納自己的優點，重拾信心？

為此，近年研究中心跟多間中、小學合作，推廣正向教育，目的是讓老師和同學以一個嶄新的角度看待自己，相信人人都有其品格強項（character strength）。只要我們能花時間去觀察，先把負面的標籤放下，就不難發現自己獨特的品格強項了。在實踐正向教育時，可鼓勵學生善用那些較顯著的品格強項，就能提升滿足感，呈現心流（flow）的狀態。只要把它們發揮得愈好，就愈能體現到生存的意義和價值。

正向教育是來自正向心理學，把24個品格強項歸類為6個美德，如智慧與知識包含了創造力、好奇心、判斷力和開明的思想、愛好學習和洞察力；勇氣包含了勇敢、堅毅、真誠、熱情和幹勁；仁愛包含了愛與被愛、仁慈、社交智慧；公義包含了團隊精神、公平、領導能力；節制包含了寬恕、謙遜、審慎、自我約束；靈性及超然則包含了欣賞美麗及卓越、感恩、希望、幽默、人生意義追尋（VIA Institute on Character, 2021）。此外，研究亦指出只要能加以運用自己的品格強項，就能增加抗逆力，提升幸福感，促進精神健康。

　　我在正向教育的工作坊上，引導學生尋找個人品格強項的時候，往往發現大部分的同學都表現得很靦腆，像是不能接受自己有任何優點一樣。

　　「原來你最顯著的品格強項是領導才能！」我興奮的說。

　　「吓，無可能，我只是亂填一通罷了，不準確啊！」他搖着頭說。

　　「那你認為什麼才是你的品格強項？」我再追問。

　　「哪有呢，我讀書不好，什麼也不好啊！」他的頭垂得更低。

　　「不是呢，我觀察到你在活動中，發揮了領導才華，帶領着同學一同解難啊。」我再三堅持。

　　「你弄錯吧！是另一個同學，是他帶領我們的……」他急忙指向鄰座的同學說着。

　　原來平日牙尖嘴利、舉一反三的孩子，會在別人讚賞他的時候變得笨口拙舌，尷尬萬分。

　　我們的對答看來很惹笑，但其實是一件很悲哀的事情。孩子不習慣別人對他作出肯定和讚賞，反映出他們可能不常有這樣的經驗，即可能他們很少機會得到認同和讚賞。最痛心的，還是他們也找不到任何落腳點去欣賞和肯定自己。

　　在學校推行正向教育其實只是蜻蜓點水，真正最實質的影響一定是親子關係。只要父母能架上一幅全新的眼鏡，不再只用成績分數來衡量子女自身的價值，不以「有用」或「無用」來評價他們，就不難發現他們一個個的品格強項了。

　　其實，父母的責任之一，是幫助子女建立自信，給予肯定，讓他們知道自身的價值，並創造機會讓他們發揮所長。只要子女能把一點一滴的成功感和滿足感累積起來，就能建立起正面的自我價值，提升自信心，勇往直前，創造更美好的人生。

　　作為父母，我們更應該重新檢視自己對子女的評價，「有用」和「無用」，是否只能二選一？是否只有成績好，賺到錢才稱得上「有用」？事實上，每一個生命都是寶貴的，每一個人都是「有用」的，而且價值不菲，我們絕對不能用狹義的方法來定義子女本身的價值。

勉勵篇：讚美孩子

真誠的讚美能增強孩子的抗逆能力，提升幸福感。參考正向心理學所載的6個美德，以下分別是24個不同的品格強項（VIA Institute on Character, 2021）：

- 智慧與知識：好奇心、創造力、判斷力和開明的思想、愛好學習、洞察力；
- 勇氣：勇敢、堅毅、真誠、熱情和幹勁；
- 仁愛：愛與被愛、仁慈、社交智慧；
- 公義：團隊精神、公平、領導能力；
- 節制：寬恕、謙遜、審慎、自我約束；
- 靈性與超然：欣賞美麗及卓越、感恩、希望、幽默、人生意義追尋。

若想提升子女的自我形象及令其肯定自我價值，可先從小小的讚美開始。但讚美也需要技巧，而且必須具體，因為胡亂讚美的話或會適得其反、造成反效果。以下是「讚美」的小點子：

- ✓ 讚賞品格/內在價值
  - ■ 「媽媽欣賞你有責任感……」
- ✓ 讚賞過程
  - ■ 「爸爸欣賞你能大清早就自動自覺起床上學……」
- ✓ 要具體引用事例說明
  - ■ 「媽媽欣賞你有責任感，因為今天你盡力完成所有功課……」
- ✓ 在負面場景中，嘗試尋找可讚賞的地方
  - ■ 「雖然你今次考試不是太理想，但是你對自己要求提高了，溫習的時間多了，爸爸也感到很安慰。」
- ✗ 切忌言詞空泛
  - ■ 「你今次做得好好呀，都幾叻！」
- ✗ 切忌只看重才能
  - ■ 「早就知你是一個聰明仔，懂得自己做數學挑戰題！」
- ✗ 切忌看重結果
  - ■ 「爸爸欣賞你默書100分！」
- ✗ 切忌用作交易條件
  - ■ 「媽媽最欣賞你有愛心，麻煩你一會兒後去洗碗吧！」

參考文獻

Ho, T. P., Yip, P. S. F., Chiu, C. W., & Halliday, P. (1998). Suicide notes: What do they tell us? *Acta Psychiatrica Scandinavica, 98*(6), 467–473. https://doi.org/10.1111/j.1600-0447.1998.tb10121.x

Wong, P. W. C., Yeung, A. W. M., Chan, W. S. C., Yip, P. S. F., & Tang, A. K. H. (2009). Suicide notes in Hong Kong in 2000. *Death Studies, 33*(4), 372–381. https://doi.org/10.1080/07481180802705791

VIA Institute on Character. (2021). *Character Strength.* https://www.viacharacter.org/

Yip, P. S. F., Huen, J. M. Y., & Lai, E. S. Y. (2012). Mental health promotion: Challenges, opportunities and future directions. *Hong Kong Journal of Mental Health, 38*(2), 5–14.

Yip, P. S. F., Liu, K. Y., Lam, T. H., Stewart, S. M., Chen, E., & Fan, S. (2004). Suicidality among high school students in Hong Kong, SAR. *Suicide and Life-Threatening Behavior, 34*(3), 284–297. https://doi.org/10.1521/suli.34.3.284.42772

Yip, P. S. F., Shum, A. K. Y., Lung, D. W. M., & Lai, E. S. Y. (2018). Preventing youth suicide—developing positive attitudes and values. *Journal of Youth Studies, 21*(1), 66–81.

多行一步

沈君瑜

　　能夠找到一份有意義的工作，是幸福的。慶幸地我找到了這樣的一份工作。在防止自殺研究中心工作，讓我有機會接觸到不同性質的項目、人和事，就如設計和執行學生心理健康推廣課程、提供老師和社工預防自殺工作培訓，及至自殺遺書研究、評估有自殺念頭人士的風險和作出轉介等等。當中令我印象最深刻的，是有次一位中學女生自殺後，我們被邀請到校為教職員提供一個預防自殺的培訓工作坊，提升老師對學生自殺意識的敏感度。

　　當我與老師討論到有關該學生的自殺事件時，絕大部分的回應都很一致，認為學生在自殺前是「沒有任何徵兆的」。

　　「她成績名列前茅，家庭背景又好，看不出有什麼原因要自殺？」

　　「她跟同學關係很融洽，沒有被欺凌，哪有原因要自殺？」

　　「我教她英文的，上課時，她總是跟同學談笑風生，實在想不到啊！」

　　「無錯，她媽媽比較緊張她的成績，但哪個媽媽會不緊張呀！」

　　「她還有積極參加課外活動，是合唱團成員啊，升上高中後，我們還預備找她當副團長呢！」

　　老師們你一言我一語地討論着。那一刻我的感覺很複雜，心裏充滿疑問：「真的沒有？還是沒有被發現而已？」從我個人的經驗和不同的研究，都指出絕大部分自殺死者事前都曾透露了一些自殺徵兆。

　　「一個人堅決要死，其實我們做什麼也不能阻止呢！」

　　「她自己決心『做戲』，我們又怎能幫到呀？」

　　一輪討論後，老師們的結論讓我十分驚訝，這「不能阻止」、「不能幫忙」的總結，也許便是學校無法防止這女學生自殺的原因。

　　數小時的培訓中，儘管老師們都很主動學習和分享，但是我仍然能感受到他們的無奈和無助感。

　　一段時間後，我們得到香港警務處的允許，可以定期檢閱學生自殺案件的調查報告。一天，我竟然有機會翻閱到那位學童的自殺遺書。她寫了好幾封遺書，對象包括她的父母、好友、老師等等，而讓我印象最深刻的是她寫給好友們的，內容大概是：

　　「你知道我想死，你會叫我撐住，叫我完成某事情後再算！多謝你令我再一次延遲我死亡的日子。」

　　遺書裏的每一個字都令我百感交集，既憤怒又痛心，腦裏充滿問號。為什麼這位同學身邊沒有人察覺事情的嚴重性？為什麼她的自殺念頭一點也沒有被老師或社工發現？為什麼她沒有得到適當的支援？

　　自殺的悲劇一宗都嫌多，我知道追究責任沒有任何用處，只是痛心為何沒有成年人察覺她的需要？如果有成年人察覺到任何蛛絲馬跡，這個年青人會否放棄自殺？

　　從這次經驗裏，我明白到香港雖然是一個資訊發達的城市，但對於預防自殺的意識和警覺性仍然不足，大家仍然對此抱着很大的誤解和迷思。這令我更加提醒自己要做好預防自殺的工作，且必須從教育做起！

　　預防自殺，絕對是每一個人的責任，任何人都可以多行一步，成為別人的「守護者」。

增潤篇：學生企圖自殺的先兆或警號

1.　提及想自殺或傷害自己的念頭，甚至有所計劃
2.　搜尋自殺的方法，例如在網上搜尋有關資訊
3.　提及生存沒有希望，生命沒有價值
4.　表示自己正承受着極大的痛苦或困擾
5.　提及自己是別人的負累
6.　改變了睡眠的習慣，如不能入睡或不願起床
7.　躲避人群，孤立自己
8.　情緒反覆無常
9.　濫藥或酗酒
10.　寫遺書
11.　分發自己喜歡的物件予他人

作為「守門員」的教師和同學，他們對以上自殺徵兆的敏感度是重要的關鍵。我們必須提升同學的危機意識和敏感度，亦要教導同學有關精神健康的重要性。教師方面，則希望能有更多空間和時間去接觸學生，並定期接受相關的培訓。學校除了追求公開試成績之餘，同時亦應注重學生的心理健康質素和情緒。

增潤篇：「共建卓悅校園計劃」

本中心十分感謝優質教育基金的繼續支持，讓我們得以在 2019 年 9 月開展第二期名為「共建卓悅校園」的主題網絡計劃。此計劃旨在促進中、小學及

幼稚園學生的生理、心理及社交健康，培養他們的自信心及解難能力，讓他們能積極面對成長過程中的挑戰。計劃的最終目的是建構一個完整緊密的學校支援網絡，協助學校建立「以幸福感為先」的校園文化。

是次計劃乃第一期基金主題網絡計劃——「培養學生的正面態度和價值觀」的延伸。該計劃在過去五年努力推動學校精神及心理健康的發展，並在2019年8月圓滿結束，所得成果超出預期。除學校教師對正向教育的要素及其在學校環境中的應用加深理解外，學生對和父母、朋輩及老師的關係也有所感悟，朋輩關係隨着同理心的增進而改善。該計劃亦提升了參加者在心理健康方面的認知，同時對中、小學生的健康起到保護作用，其中對小學生的成效更為顯著。

建基於第一期基金主題網絡計劃的發展成果，新一期為期五年的「共建卓悦校園」主題網絡計劃結合以往成功的經驗和知識，分三階段逐步倡導和推廣學校全面性的健康教育。在首階段的發展中，計劃除繼續在中、小學推行以實證為本的心理健康課程外，更進一步擴展至幼稚園層面，同時加強相關的家長教育及教師培訓，着力研究及發展「以幸福感為先的校園」實務指南。至於第二階段，計劃將擴大其影響力，邀請中、小、幼更多學校參與，共同建立「促進精神健康」的願景，並協助學校間的知識共享及經驗交流。及至計劃的最後階段，本中心將致力建立一個「精神健康資源中心」，為學界提供一站式的精神健康教育服務，在社區和個人層面上提供適切的資訊及支援。透過循序漸進式的三個發展階段，本中心期望協助所有參與計劃的學校，最終都能轉化成為以精神健康優先的學校，並視學生的整體健康為重中之重。

參考文獻

Shum, A. K. Y., Lai, E. S. Y., Leung, W. G., Cheng, M. N. S., Wong, H. K., So, S. W. K., Law, Y., & Yip, P. S. F. (2018). Effectiveness of using digital game-based and school-based interventions to promote mental health in primary school students in Hong Kong (Preprint). *Journal of Medical Internet Research*, *21*(4). https://doi.org/10.2196/12003

Shum, A. K. Y., Lai, E. S. Y., Leung, W. G., Cheng, M. N. S., Wong H. K., So, S. W. K., Law Y. W., & Yip, P. S. F. (2019). A digital game and school-based intervention for students in Hong Kong: Quasi-experimental design. *Journal of Medical Internet Research*, *21*(4), e12003. https://doi.org/10.2196/12003

Suicide Prevention Resource Center. (2020). *Warning signs for suicide*. http://www.sprc.org/about-suicide/warning-signs

Yip, P. S. F., Liu, K. Y., Lam, T., Stewart, S. M., Chen, E., & Fan, S. (2004). Suicidality among high school students in Hong Kong, SAR. *Suicide and Life-Threatening Behavior*, *34*(3), 284–297. https://doi.org/10.1521/suli.34.3.284.42772

揭開完美主義的面紗

張鳳儀

　　「我兒子可以進入這間超級男校，實在要多謝小學一直以來的栽培。除了學校活動外，他每星期會有三天練波，兩天練水。因為時間比較趕，逢一、三、五，他在學校的訓練完結後，我們便會立刻乘搭的士，從市區趕到大埔體院練波，大約九時許就可以回程吃晚飯。而游泳方面，我們逢星期二、四，天還未亮時就會去體院練水，的士來回，剛好趕得及在八時前回到學校上課。」一個媽媽沾沾自喜地向所有小五、小六學生分享兒子入讀名校的戰績。

　　「嘩，能入讀此超級『神校』一定比自己中『六合彩』更興奮呀！你的兒子好厲害啊！他有這麼多活動，我想請教一下，你們是怎樣安排時間做功課和溫習考試呢？」一個育有兩個兒子的母親急不及待地舉手發問。

　　「嘻嘻，我都是好感恩他那麼幸運地被選上。功課方面，一般都是一邊吃晚飯，一邊做功課。如果時間實在太趕急⋯⋯」這位名校媽媽有點靦腆的，吞吞吐吐地說：「太趕急的時候，他試過大便時做功課，還有，我平常都是趁他用洗手間的時間幫他溫習問書，省時省力嘛！」

　　「這未免不是一個好提議啊！」一群仰慕「神校」的媽媽們竊竊私語地討論着。

　　面對子女升中學的呈分試，家長像驚弓之鳥，一有任何分享會，都會蜂擁而至。可是作為座上客的我，聽了家長的分享後卻感到莫名的不安。無疑一眾「名校」都有其過人之處，學業、運動樣樣皆精，入讀大學的百分比高更是不言而喻。可是孩子的童年呢？為了入讀「神校」就連安心上洗手間也不能嗎？

　　中學為締造校譽，在收生階段便下了不少功夫，它們會到各小學以什麼獎學金、減免學費，或有什麼樣的津貼來招攬一眾運動奇才來入讀，還有一些學校表明只考慮錄取小學全級頭三名的學生，甚或只收全港小六的第一名，期望這些積極進取和自發學習的學生能繼續為學校的聲譽打拼。

　　對於學業，一些校長會在學期初週會上事先張揚學校十分重視成績，並公開數算上一年度該校文憑試奪得多少個5**，又訓勉各年級的師弟妹不要丟臉，要努力追求優越。校長們坦言學校需要對家長負責任，就是要把他們的子女安全送上大學。學校除了讓學生報考本地文憑試，更會安排各類型的國

際考試，增加學生表現其「優越」成就的機會。學生為了「美好」的前途，為了父母的榮譽，為了保護學校的光環，唯有在測驗、考試的循環中，日復一日，年復一年地度過他們的青春年頭。

然而，在追求「優越」的同時，學生亦不自覺地建構出一個不能有錯、不可以輸的文化，成就出許多完美主義的學生。他們對自己要求特別高，希望每件事都做到盡善盡美，不容許有任何差錯，特別在學業上，無論是字體，還是答題，都要表現得完美無瑕。

他們的生活漸漸只求得到身邊人的認同，自身的存在價值和意義都與大大小小的成就捆綁在一起，認為父母、老師或同學都是有條件地與他們建立關係，而一旦失去「優越」的光環，就會失去被愛的機會。人與人之間那份親密感和安全感，也許是他們望塵莫及的東西，令他們每天承受着無窮的壓力和焦慮。

「對不起，我把你嚇壞了。不用怕，請通知保安。」一個從學生宿舍跳下來的博士生口袋裏有這樣一張紙條。

「謝謝你陪我度過了中學的六個快樂年頭，那時我們實在好開心。只是我沒有跟你選同一科，我不能陪你畢業了。我先走，勿念。」這是一個大學生寫給其中學同學的遺書。

「妹，麻煩你接了我的補習，他正在考呈分試，你幫幫他吧！我把他的資料放在櫃內，你自己看看吧！記得對他媽媽說我已出國讀書，別說其他，免得嚇壞小朋友。對不起，哥太辛苦，要先走。你要孝順父母，不要再亂發脾氣，要生性！」這是一個快將大學畢業的哥哥寫給妹妹最後的話。

一封封遺書，一段段沉重的告別……我們是否要好好反思人生追求的是什麼？究竟人生最重要的是什麼？大學學位？專業名銜？還是身心健康？

增潤篇：全職學生與非全職學生的自殺率收窄

在15至24歲組群的自殺數據中，對比全職與非全職學生的自殺率，非全職學生的自殺率一直較高（2012年為11.5，2016年為10.7），但兩者差距正在收窄（2012年差距為6.9，2016年差距為2.6）。

從前學校或許是一個預防自殺的屏障，可及時識別並支援有情緒困擾的學生，但以上數據意味着此屏障可能逐漸失去它的能力。另外，近年大學生的自殺率也高於中學生。對學生而言，過分追求完美可能是他們自殺的其中一個風險因素。

勉勵篇：化解完美主義的自助篇

1. 嘗試反駁自己「非黑即白」、「災難化」、「以偏概全」等的思想陷阱
2. 寫出十句自我勉勵或肯定的句子，然後放在當眼處，讓它們在有需要時來鼓勵自己
3. 建立新的興趣和嗜好
4. 多與身邊人分享自己的掙扎
5. 建立「成長思維」（growth mindset）而非「固定思維」（fixed mindset）（Dweck, 2016）

增潤篇：成長思維 vs 固定思維

史丹福大學心理學教授 Carol Dweck（2007）發現成功者與失敗者最大的分別是在於他們的思維模式（mindset）：成長思維（growth mindset）或固定思維（fixed mindset）。

「成長思維」相信努力可以達致成功，以下是他們相信的：

1. 才幹是可以改變的
   o 努力可以使我變得更聰明和能幹
2. 不介意表現真我
   o 不怕別人目光，坦承展現真我
3. 重視過程多於結果
   o 專注持續改善，相信努力是有回報的
4. 接受失敗
   o 失敗乃成功之母，相信成功的人也曾經歷無數次失敗
5. 擁抱挑戰、嘗試和探索
   o 充滿好奇心和求知慾，愛好學習
6. 歡迎意見，向他人的成功學習
   o 別人的成功不代表自己的失敗，而是一個學習的機遇
7. 壓力管理較佳
   o 願意和他人分享壓力，承認自己的不足

「固定思維」相信天資是成功關鍵因素，以下是他們相信的：

1. 才幹是先天賜予，不能改變的
   o 做什麼也不會改善我的智商和能力

2. 只展現優秀一面
   - 害怕別人的目光，刻意隱藏自己的弱項，只有勇氣展現優秀的一面
3. 重視結果多於過程
   - 專注成效，努力未必會有回報
4. 害怕失敗
   - 不願承認失敗，選擇逃避或淡化，相信保持形象更重要
5. 逃避挑戰、嘗試和探索
   - 害怕失敗會丟臉和破壞形象，不敢嘗試新事物
6. 介意批評、妒忌他人成功
   - 別人成功就代表是自己的失敗，認為對方是自己的威脅
7. 壓力管理較低
   - 與別人分享自己的壓力時十分猶豫，害怕自己不夠別人優秀

參考文獻

Accordino, D, B., Accordino, M. P., & Slaney, R. B. (2000). An investigation of perfectionism, mental health, achievement, and achievement motivation in adolescents. *Psychology in the Schools*, *37*(6), 535–545. https://doi.org/10.1002/1520-6807(200011)37:6<535::AID-PITS6>3.0.CO;2-O

Antony, M. M. (2015, April 9). *Cognitive-behavioral therapy for perfectionism*. Anxiety and Depression Association of America. https://adaa.org/sites/default/files/Antony_Master-Clinician.pdf

Benson, E. (2003, November). The many faces of perfectionism. *Monitor on Psychology*, *10*(34), 18. http://www.apa.org/monitor/nov03/manyfaces.aspx

Dweck, C. (2007). *Mindset: The new psychology of success* (1st ed.). Ballantine Books.

Dweck, C. (2016). What having a "growth mindset" actually means. *Harvard Business Review*, *13*, 213–226. https://leadlocal.global/wp-content/uploads/2016/12/Dweck-What-Having-a-%E2%80%9CGrowth-Mindset%E2%80%9D-Actually-Means-HBR.pdf

It's ok to be not ok

龍偉民

「黑夜無論怎樣悠長，白晝總會到來，請相信自己，多等一晚，你或許就會遇到……」

大學核心課程（common core course）正播放着由研究中心與網紅（YouTuber）合作拍攝的微電影「最後一天」。故事講述一名大學生乘坐的士上大帽山企圖自殺，可是計程車在途中突然拋錨，大學生與的士司機被困時展開了一席對話。的士司機分享了自己的痛苦經歷，大學生也訴說了自己的困擾曾令他嘗試自殺。在夜幕低垂之時，兩個陌生的心靈竟然能彼此觸碰。

電影完結後，我問學生：「當你們遇上困難，你會跟朋友分享嗎？」遲疑了半晌，學生流露出有點尷尬又無奈的苦笑，輕聲說了我意料之內的答案：「不會。」

我故作好奇的追問：「為什麼呢？」。一名醫科生輕描淡寫地說：「同學之間根本就是互相競爭的，都想表現出最好一面，哪有人會願意分享自己的難處呢？」

社會大眾一般認為，醫科生是學業尖子，明天就是拯救人命的醫生，應懂得怎樣處理自己的壓力。因此，他們被灌輸了「沒人會在意你的感受，只會在意你是否有能力去當一個專業醫生」、「壓力就是動力」等價值觀。

幾秒沉默後，另一位女生就說：「我都不敢跟別人說自己讀書的辛苦……」她強忍着淚水，勉強擠出笑容，隨口說出：「I'm okay」。在輔導學上，這是一種表裏不一致（incongruent）的情緒表現方式，可能是出於壓抑，或是自我保護。

後來得知，該女生是在副學士課程中取得優異成績，才入讀港大銜接學位課程的。面對全英語的教學環境，以及更高要求的功課，她很吃力，亦感到很大壓力。她說：「因為我已完成了副學士，其他同學覺得我應該懂得更多東西；而副學士的舊同學亦覺得我考上港大已經很棒，一定可以應付……」。在港大校園，昔日副學士的優異生失去了往日的光環，顯得有點迷失。

一位一向專心上課，但又瑟縮角落的女生突然開口說：「其實……我不知為什麼，每次看到有關自殺的故事，我都會哭……」這個聰明的女生，或許自知「自殺」這個關鍵字會容易觸動他人的神經，她隨即補充說：「我不是

想自殺啊！」，似乎想安撫一下大家。她繼續說：「我只是感受到影片中主角的無奈和痛苦。我努力讀書考試，考上了大學，以為終於可以安穩地生活，但原來還是要無止境地繼續讀書考試，好像人生就只有這些。」其他同學默默苦笑，表示認同。

「大學生活就只有這些嗎？這就是人生？」學生們都是一邊思考着這個問題，一邊無奈地面對這荒謬的生活。

我眼前的學生們都是大眾眼中新一代的精英，繼承了上一代精英的聰明、能力、對自我的鞭策，同時亦對自己的前途抱有很高的期望。然而，在現今香港社會，「現實」與「期望」之間的落差很大，他們怎樣能從中找到落腳點呢？

增潤篇：主動開口求助不是軟弱

學業成績高的學生，往往有一份「唔衰得」的心態。這是一把雙刃劍，一方面令學生對自我有要求，再困難的任務都會竭力完成，但另一方面，當力有不逮時，卻不敢開口說出自己的難處，更不會主動尋求幫助。

其實人生總有起跌，遇到困難、壓力，跟朋友訴苦或「呻兩句」也是人之常情，這些分享不應視之為「軟弱」的表現。當我們看到別人或自己的痛苦時，可以嘗試無條件地接納所有情緒反應，接納困擾的真實性，讓自己和當事人都能表裏一致，真實地活出自己。

勉勵篇：練習靜觀，接納自己的真實情緒

1. 尋找位置：找一個安靜、舒適，不被騷擾的位置坐下
2. 設定計時器：初練習者可先嘗試五分鐘
3. 身體掃描：從頭到腳，把繃緊的肌肉慢慢放鬆
4. 深呼吸：用腹式呼吸法，把注意力放在一呼一吸上
5. 注意力：有時會被雜念分散了注意力，但不要緊，可以再次把注意力放回呼吸上
6. 善待自己：當感受到不同的情緒或想起不同念頭時，容讓它隨心飄過，繼續把注意力放在呼吸上

有臨床研究（Paulas, 2016; Dunnings et al., 2019）指出靜觀練習對身心健康也有裨益。

參考文獻

Dunning, D. L., Griffiths, K., Kuyken, W., Crane. C., Foulkes, L., Parker, J., & Dalgleish, T. (2019). Research review: The effects of mindfulness-based interventions on cognition and mental health in children and adolescents—a meta-analysis of randomized controlled trials. *Journal of Child Psychology and Psychiatry and Allied Disciplines*, *60*(3), 244–258. https://doi.org/10.1111/jcpp.12980

Paulus, M. P. (2016). Neural basis of mindfulness interventions that moderate the impact of stress on the brain. *Neuropsychopharmacology*, *41*(1), 373. https://doi.org/10.1038/npp.2015.239

Yip, P. S. F., Shum, A. K. Y., Lung, D. W. M., & Lai, E. S. Y. (2018). Preventing youth suicide—developing positive attitudes and values. *Journal of Youth Studies*, 21(1).

網絡同行

黎淑怡

一天上午，我的電腦屏幕顯示《與你同行》專頁的即時網上對話訊息通知，我立即接受了對話要求。

「請問有人在嗎？」

「有，我是當值職員 E，你想的話，我們可以在這個平台傾談。」我回應。

「我不是想自殺，不過我想結束痛苦……」

「發生了什麼事嗎？」

「……」

小 V（化名）是一名大學生，言談間她透露了自己長時間情緒低落、失眠、胃口欠佳，懷疑自己有抑鬱的問題。

「我覺得很辛苦，希望可以改善情緒及失眠的問題，但不知該怎樣做。我感到你們似乎願意幫助人，所以試試跟你們聯繫。」

「謝謝你的信任，我會盡力幫忙。」

經過約一小時的傾談，她留下了電郵地址作日後通訊。我先提供一些紓緩情緒和失眠的呼吸練習和肌肉鬆弛法，再為她轉介合適的心理輔導服務。

大約兩個月後，她同意我的轉介建議。在等候見輔導員的那一個月裏，我們繼續以電郵聯繫，我提供了情緒支援，也解答她對心理輔導的擔憂。

「第一次見輔導員，她會問我什麼？我很緊張。」小 V 焦躁的問。

「要向一個陌生人說出自己的事並不容易，所以會緊張都很自然。輔導員主要只是詢問你的情緒及身體狀況，和了解與你情緒相關的事。」我溫婉的答道。

「我擔心自己表達得不好……」

「你放心，你可以按你舒服的程度慢慢分享，不用勉強自己說很多，或要求自己說得很流利。」

「有不想說的也可以嗎？」

「都可以啊，輔導員不會強迫你要說什麼。」

「那我安心了一些，謝謝你。」

她就自己情緒問題第一次到診所見醫生，卻因未有親友可以陪診，焦慮不安。我與她及上司商量後，決定由我陪伴她去診所。

　　見面當天距離初次網上傾談已四個月，雖然我們素未謀面，但對彼此已有一定程度認識，所以能像已相識的人一樣閒談，說說各自的興趣、工作等事情。我沒有刻意了解她的情緒或精神狀態，因為我只是陪伴者，並不是輔導員角色。及後，我跟她仍間中有電郵溝通，了解近況。

　　「小 V，有一段時間沒有收到你的消息，你的近況如何？」

　　「謝謝關心。我仍有見輔導員，同時亦開始了藥物治療。情緒及失眠的情況有改善，不過間中都會情緒低落，胃口也差，特別在學業較忙時。」

　　「壓力有機會影響我們的情緒及身體反應，也可能因而出現較多負面想法。在努力溫習及做功課之間，請找時間休息，放鬆一下。」

　　再過了約一個月，我收到她最後一封電郵。

　　「你好，有一段時間沒有跟你聯繫了。學期剛完結，有空與你談談近況。我仍有見輔導員及接受藥物治療，學校亦知道我的情況並提供支援。雖然接受不同的服務有時會讓我感到疲累，但亦因為有不同的人協助，情緒慢慢的好起來。我很感恩家人的支持及諒解，我們之間的溝通比之前更好呢！十分感謝你這段時間的陪伴及鼓勵，我會好好照顧自己。」

　　得知她仍在接受心理輔導及醫療服務，又有得到家人的支持，我總算安心。縱使她的康復之路仍很漫長，但有人同行，我有信心她可以走下去。

增潤篇：同行者

大多數被情緒困擾的人士可能會有以下的掙扎：

1. 懷疑自己是否有情緒病
2. 不知道從何找到服務資訊
3. 如果一旦確診如何是好？吃藥？心理輔導？還有呢？
4. 怎樣向別人說出自己的困擾
5. 怎樣面對別人歧視的目光
6. 懷疑自己能否痊癒
7. 擔心自己會麻煩到別人

　　受情緒困擾的人士除了要面對自身情緒的起伏，亦可能要適應藥物治療的不適，其身心都需要有人支持及陪伴。請先嘗試理解他們的情況，可以主動一點作出關心，並讓他們知道你願意與他們一起面對困難。同行者不必有什麼專業知識，擁有一顆同理心去聆聽、理解，不作批判已很足夠。

參考文獻

Chan, M., Li, T. M. H., Law, Y. W., Wong, P. W. C., Chau, M., Cheng, C., Fu, K. W., Bacon-Shone, J., Cheng, Q., & Yip, P. S. F. (2017). Engagement of vulnerable youths using internet platforms. *PLoS ONE*, *12*(12), e0189023. https://doi.org/10.1371/journal.pone.0189023

學生話事

梁穎姿

　　2016年發生了多宗學童自殺事件，一度掀起了全城的關注，本中心尤甚。那年三月的一個早上，葉教授召喚我們負責學校項目的同事開一個緊急會議，商討有效預防學生自殺的計劃。當大家還是茫無頭緒間，葉教授便率先提出：「過去我們的預防學生自殺計劃，都是由我們一群成年人所設計的，但學生又可以接收到幾多資訊呢？不如我們嘗試從學生的角度想想，推行一些由「學生話事」的計劃？這可能會有出乎意料的成效！」就這樣《與你同行》（WeCare Fund，https://wecare.csrp.hku.hk/）資助計劃——由學生主導的防止青年自殺計劃展開了序幕。

　　本中心得到兩位善心人士（劉鳴煒先生和莫綺文女士）的慷慨支持，於2016及2017年推行了兩屆大專院校學生主導設計的防止青年自殺計劃，最後收到來自13間大學，合共25個既新穎又「貼地」的學生提案，包括原創劇、多元化的攤位遊戲、考試週的打氣活動、手機應用程式、朋輩計劃，還有運用社交媒體推廣精神健康等等。計劃目的是讓學生主導，在大學校園內發起、組織及開展與精神健康相關的活動，同時配合專業人員的指導，提升大學校園的積極、正面情緒，以及加強青年大眾對精神健康和預防自殺的關注。

　　每年我們都會以一個頒獎禮總結當年的活動計劃，並選出優勝的作品，表揚同學們的創意及在校園內推廣精神健康的成效。2016年得獎的隊伍是香港浸會大學學生自編自演的舞台劇。他們透過三個故事引起同儕對自殺議題的關注，反思個人在預防自殺事件上的角色，同時故事也帶出了珍惜生命及溝通的重要性。第一個故事探討自殺的成因及社會上不同的持份者在自殺事件中所擔當的角色；第二個故事提出要捉緊關心身邊人的機會，別錯過他們求助的信號；第三個故事鼓勵人與人之間互相溝通、坦誠表達及要對明天抱有希望。舞台劇場完結後，劇組舉辦交流會，讓觀眾分享他們對大學生自殺的想法。

　　團隊隊長 Sam 分享了其中一次難忘的交流經驗：「曾有一個媽媽義正嚴詞地指出：『我認為現在的大學生們都好幸福，生長於物資豐裕的社會，要什麼，有什麼，根本都未辛苦過！我理解不到他們為何要自殺！他們只顧自己，毫不負責任！』那時全場寂靜，我也不知道應該作什麼反應。幸好有另一位觀眾馬上打破僵局，說：『雖然社會真的是物資豐裕，但大學生們卻看不

到自己的出路，或者他們已經承受着很大壓力，很辛苦，擔心前路可能會更艱辛！』

「他們的對答正正反映出溝通的重要性。我發現，家長們以為大學生不應該有壓力，就算有，都應該有能力處理。這正好回應我們劇目的主題「Shall We Talk」（Shall We talk 舞台劇：https://www.youtube.com/watch?v=x3yWvHH0Jew），如果同學能嘗試與身邊人多點分享自己的想法，有壓力時可以「shall we talk」，便能解開許多人與人之間的迷思了。

「其實我自己也是過來人。從小學開始我已經是羽毛球校隊的成員，一直打到大學。可能因為勞損，腰背劇痛，照 X 光片時才發現了我的脊骨有一道裂痕。醫生說這永遠不能痊癒，當時我的心情就好像跌入谷底，羽毛球就是我的生命，沒有了它，我還有什麼生命意義？另外，我快將大學畢業了，就連坐下數個小時，都會痛苦不堪，我會有什麼前途？莫非我下輩子還要媽媽照顧，成為家人的負累？那段時間真的很痛苦、很難過，甚至勾起了我想自殺的念頭。幸好媽媽和姨姨發現了我的不妥，她們循循善誘，讓我明白到我不是她們的負累，我痛，她們都痛……家人之間是有着一份微妙的愛連結在一起。最後我打消了自殺念頭，媽媽陪我看脊醫，做推拿、針灸，現在背痛已紓緩不少了。

「阿德勒的心理學書，亦啟發了我。原來我們不用跟企圖自殺的人說『不要自殺！』，而可以說『你可以不自殺！』不自殺的原因就是因為人與人之間有一份愛的連結。人生的價值正取決於我怎樣幫助人，把自身的價值觀影響這個社會。

「我們的第二個故事正是一個真人真事的故事，那個女生在經歷了『同性戀』的壓迫後，沒有選擇去自殺，反而現在成為了一個社工，輔導同性戀人士。」

Sam 的坦誠分享正體現着我們計劃的宗旨，正如葉教授在頒獎禮總結：「學生主導的計劃十分着重人與人之間的連繫與溝通，無論是透過社交媒體，還是面對面的接觸，都是希望表達出他們對身邊人的關愛。期望社會大眾都像這些同學一樣，以行動表達對別人的關心，以己之力，為防止青年自殺獻出一分力。」

後記：Sam 大學畢業後，現正在一報社作編輯的工作，繼續發揮他的文采，把自己的信念、價值觀傳揚出去，希望為香港社會帶來一點美好。

第五章

跟社區共行

YouTubers：走進年輕人圈子的橋樑

葉蔚林

> 我的大學生活並不多姿多彩，閒餘時會看 YouTube 排憂解悶。透過 YouTubers 的錄像，我彷彿就對他們的喜惡、口頭禪、生活習慣和朋友圈都瞭如指掌。這些既熟悉而又陌生的 YouTubers，在不知不覺間融入大家的生活中。

鑒於 YouTubers 在年輕人心目中的影響力，研究中心從 2017 年開始跟他們共同製作一些預防自殺的影片。其中一位 YouTuber，平日以拍攝日常生活和旅遊 Vlog（影像日誌）為主，的，她為研究中心製作了第一條短片「告解箱」。她扮演着一個像「神職人員」角色，匿藏在一個大木箱內，以無關宗教的形式，聆聽着一個又一個年青人的「告解」。

「我不知道自己生存的意義。我做過很多很差的事情來傷害我父母，我無面目去見他們……」

「有一次，我想了好久，實在很不開心，於是在家中找出了許多藥，一下子全吞進肚子裏，然後寫了一封信，放在書桌上，再上床睡覺。後來姊姊竟然發現了那封信，立刻叫醒了我，並反覆叮嚀我不要因一時衝動做一些傷害自己的事情！幸好，那時我沒有付諸實行，否則不能在這裏跟你談話了……」

　　這些埋在心頭、有血有肉的故事，不但打動了該 YouTuber，亦打動了許多觀看短片的網民。她再次邀請那些曾參與「告解箱」的青少年在兩個月後給她留言，以便跟進。

　　幾個月後，該名 YouTuber 又進行了另一個社會實驗，讓一對對素未謀面的陌生人，憑着觀察大家的樣貌打扮，來猜測對方的名字、職業，詢問他們有否目睹過自殺和想過自殺等議題。實驗再次證明「人不可貌相」，外貌反映不了一個人的經歷和掙扎。

　　「我所有朋友都不在香港，我有心事也不知道可以跟誰説。有時我會想，如果我突然消失了，可能根本沒有人知道，亦沒有人理會……」

　　「那時我去了加拿大讀書，不知道是否不適應當時的環境，我只愛獨自一人躲在房間，足不出戶，情緒不穩。那時經過好一段時間，在很多人的幫忙下，我才走出那個困境。」

　　「在愛情路上，我有許多挫敗，我有想過自殺的。」

　　「我在中學時被欺凌，在感情上也曾被一個男生欺騙，但他不承認，還為了另一位女生打我，打到我臉腫。我累積了許多不開心，但卻沒辦法宣洩，結果患上了抑鬱症和思覺失調……」

　　這兩條影片合共多於六萬人觀看，有近200個留言。最重要的是，這兩條影片讓本中心能夠接觸到一些平常活動接觸不到而正受情緒困擾的人。網民留言分享自己的經歷，也鼓勵了同路人，在短片下營造了一個能訴説心事、互相打氣的角落。影片播出後，那位 YouTuber 收到了不少網民的私訊，除了感謝她為精神健康和預防自殺的付出外，也有部分人向她披露自己面對的困擾和困境。

　　YouTubers 是我們走進年輕人圈子的鑰匙，他們對年輕一輩的影響力實不容小覷。透過他們的推動，可以讓許多年輕人敞開心扉、暢所欲言，坦承地訴説自己的困難，亦可由此感受到被接納、被認同的感覺。其實能夠造就一個讓人安心傾訴的空間，同時本着同理心去聆聽對方的感受，已經是預防自殺工作的一大步。

以下是一些網民對於 YouTubers 預防自殺短片的回應：

AUMAN 我啮啮想自殺 但係睇到嚦段片 我覺得人活著是有價值的 輕生的念頭也打消了 謝謝你

好感動！
之前我幾乎想跳

好耐無試過睇一套戲會感動到喊。雖然呢部微電影只係短短20分鐘，但有住好深、好真既感觸。。。
謝呀，你拍左套好好既電影送比觀眾

睇完喊先一場舒服好多。入大學之後就覺得自己一pat泥咁，覺得自己好無用。去到上個學年仲要F左2科，又有認識嘅同學自殺，個下覺得自己真係唔死都無用。日日都喊住訓，唔知為乜而活著，行屍走肉咁。又覺得自己一定GRAD唔到，好迷茫，好大壓力。已經開始計劃自殺嘅時候，我感謝有人注意到我，開解我，先令我行翻到呢一步。情緒籠罩住自己嘅時候，每一個諗法其實都係將自己帶到更無底嘅深淵度。多謝AUMAN拍呢條片，希望多D人明白其實只要注意多D，可能就可以救到一條生命。好鐘意呢句"可能年青人需要的不是無限的呵護，而只需要你去明白他，陪他走過每一座山。"其實了解多D，明白多D，無人係需要走上呢條絕路。

作為一個曾經自殺過嘅人，
我覺得裡面真係講到想自殺嘅人嘅諗法，
白天不知道黑夜的黑，
旁人如果冇經歷過根本唔可能理解嗰種痛苦，
睇完之後覺得好似觸動咗心裏面一條弦線 。

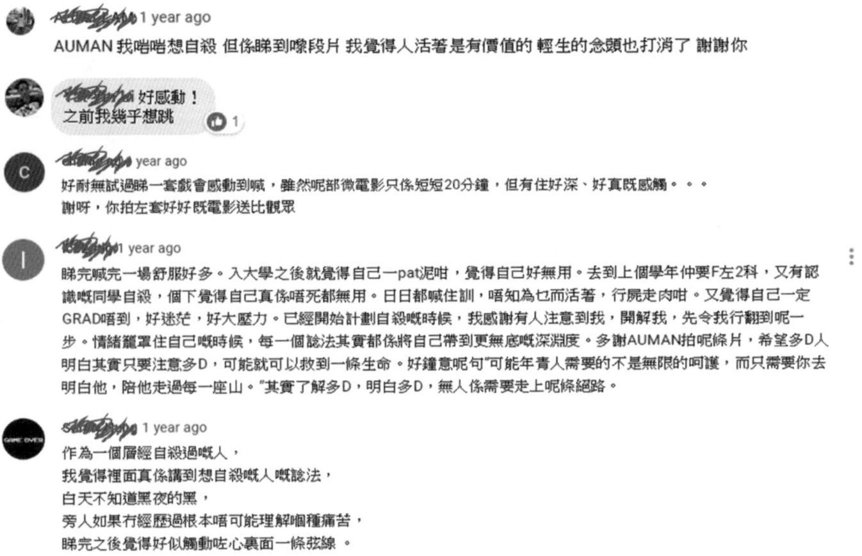

圖5.1：網民對於YouTubers預防自殺短片的回應1

圖5.2：告解箱QR code

告解箱（https://youtu.be/wu8cM3hjAOc）

圖5.3：你有沒有想過/嘗試過自殺？QR Code

你有沒有想過／嘗試過自殺？（https://youtu.be/uEgdvPrkXIE）

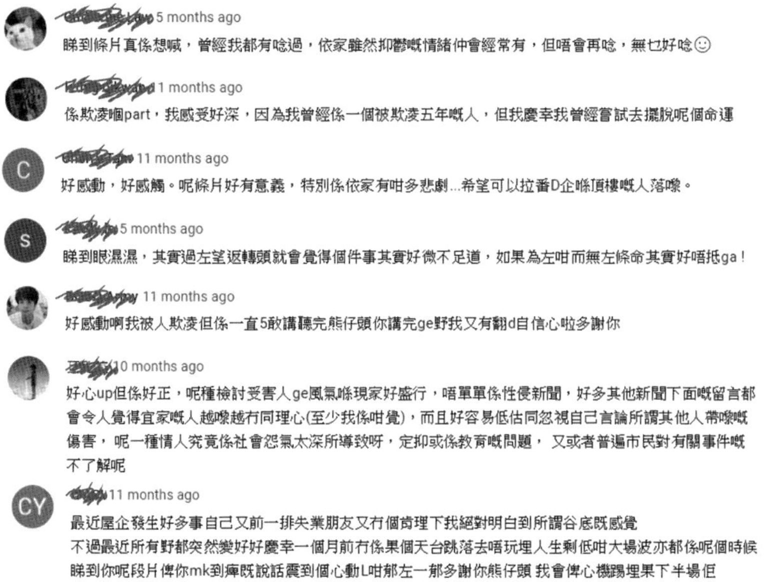

圖5.4：網民對於YouTubers預防自殺短片的回應2

增潤篇：網絡欺凌

- 一般指涉及利用電郵、網頁上的圖像或文字訊息，透過網誌、聊天室、討論區、遊戲網絡、流動電話或其他通訊科技平台而對他人作出的欺凌行為。
- 包括騷擾、抹黑、披露他人在現實世界的身分、誣陷、假冒他人、欺詐及排斥他人的行為。
- 無論是兒童或是成年人，都可能會成為網絡欺凌的受害者。
- 各種形式的網絡欺凌都可能會對受害者造成極大困擾，在極端情況下，更可能會導致自殺的悲劇。

網絡欺凌應對方法小點子：

1. 隔離欺凌訊息
   - 對於較輕微的網絡欺凌事件，例如刻薄或下流的言論，最佳的回應就是不作回應。

- 可以利用社交網站的攔阻功能來停止接收欺凌訊息，大多數社交網站及即時通訊程式都有容許用戶攔阻他人聯絡或在其帳戶張貼評論的設定。（註：這方法通常不能阻止欺凌訊息繼續發布，其他人仍會看到那些訊息）

2. 向社交網絡營運商投訴

- 大部分侮辱性的內容可能違反社交網絡營運商可接受的使用政策，須被移除。很多社交網絡的網站都有連繫其客戶服務部的連結，讓用戶舉報感冒犯的訊息、資料或相片，以供社交網絡營運商採取行動並將之從網站移除。

3. 報警求助

- 如涉及有刑事成分的訊息，即刑事恐嚇、誹謗或可導致傷害的造假消息等，可考慮報警或徵詢法律意見。請儲存有關訊息，以提供線索追查犯事者。

4. 由家長教導子女「數碼公民」的權利和責任

- 不要獨留兒童在網絡世界：
  - 兒童未必明白張貼無知、冒犯性言語或圖片會帶來深遠影響。他們未必理解網上騷擾別人、散播謠言，或作出刻薄或輕蔑的評論，是不為別人所接受的。
- 應以身作則，並與子女一起上網，在需要時作出適當的指引：
  - 當兒童收到任何帶有恐嚇性或騷擾性的訊息，應向家長、教師或可信任的成年人尋求協助。

參考資料：https://www.pcpd.org.hk/chinese/publications/files/cyberbullying_c.pdf

勉勵篇：做個精明社交網絡使用者

1. 保障個人資料的安全

- 定期更新防病毒軟件，確保其病毒定義檔案是最新的。
- 使用社交網站的新功能時，須特別小心個人私隱外洩。
- 謹記刪除不再使用或沒興趣使用的網站帳戶，以減少在互聯網上留下任何零碎資料。
- 在互聯網上提供的資料未必屬實，亦難以核實，請勿胡亂與網上結識的人見面，或向他們提供個人資料、金錢或任何形式的協助。

2. 社交網站私隱設定
- 細閱私隱政策，了解網站會如何處理你的個人資料。
- 避免提供過多的個人資料。
- 避免以同一帳戶名稱或電郵地址開設帳戶，否則別人將容易追查到你的私人資料
- 不要隨便接受不認識或不肯定其身分的交友邀請。
- 在接納第三者應用程式前，先了解清楚其可能帶來的影響。
- 不時檢查私隱設定頁，查看會被分享的個人資料。
3. 張貼前先想清楚
- 一旦在網上張貼過的資料，都有機會被永久保存或傳閱，請三思以下的問題：
  - 你日後會否因為自己的資料永久在互聯網上任人傳閱而後悔？
  - 別人（包括你的未來僱主、大學入學事務處等）能看到你張貼的資訊嗎？
  - 你希望別人憑你上載的照片來辨別你的背景資料（包括學校、公司名稱、所住的地區等）嗎？
  - 張貼別人的相片時，你有徵詢他的同意嗎？
  - 你希望別人能從不同的網站蒐集到你的資料嗎？
  - 你介意別人在現實世界中找你對質，並要求你要對貼文負責嗎？

參考資料：https://www.pcpd.org.hk/chinese/publications/files/social networkingleaflet_c.pdf

參考文獻

Chan, M., Li, T. M. H., Law, Y. W., Wong, P. W. C., Chau, M., Cheng, C., Fu, K. W., Bacon-Shone, J., Cheng, Q., & Yip, P. S. F. (2017). Engagement of vulnerable youths using internet platforms. *PLoS ONE, 12*(12), e0189023. https://doi.org/10.1371/journal.pone.0189023

Cheng, Q., Kwok, C. L., Zhu, T., Guan, L., & Yip, P. S. F. (2015). Suicide communication on social media and its psychological mechanisms: An examination of Chinese microblog users. *International Journal of Environmental Research and Public Health, 12*(9), 11506–11527. https://doi.org/10.3390/ijerph120911506

Cheng, Q., Li, T. M., Kwok, C. L., Zhu, T., & Yip, P. S. F. (2017). Assessing suicide risk and emotional distress in Chinese social media: A text mining and machine learning study. *Journal of Medical Internet Research, 19*(7), e243. https://doi.org/10.2196/jmir.7276

Cheng, Q., Shum, A. K. Y., Ip, F. W. L., Wong, H. K., Yip, W. K. K., Kam, A. H. L., & Yip, P. S. F. (2019). Co-creation and impacts of a suicide prevention video. *Crisis*, *41*(1), 1–8. https://doi.org/10.1027/0227-5910/a000593

Cheng, Q., Xing, J., Ho, R. T. H., & Yip, P. S. F. (2019). Cyberbullying and suicide ideation among Hong Kong adolescents: The mitigating effects of life satisfaction with family, classmates and academic results. *Psychiatry Research*, *274*(4), 269–273. https://doi.org/10.1016/j.psychres.2019.02.054

Fu, K. W., Cheng, Q., Wong, P. W. C, & Yip, P. S. F. (2013). Responses to a self-presented suicide attempt in social media. *Crisis*, 34(6), 406–412. https://doi.org/10.1027/0227-5910/a000221

Law, Y. W., Yeung, T. L., Ip, F. W. L., & Yip, P. S. F. (2019). Evidence-based suicide prevention: Collective impact of engagement with community stakeholders. *Journal of Evidence-Based Social Work*, *16*(2), 1–17. https://doi.org/10.1080/23761407.2019.1578318

香港個人資料私隱專員公署（2011）。〈如何保障你的個人資料——資料保安及個人安全〉。https://www.pcpd.org.hk/chinese/publications/files/socialnetworkingleaflet_c.pdf

城市規劃與自殺心理

郭瑛琦

  曾同屋四年的大學好友突然發來短訊:「你今天是否有空跟我一起吃飯聚聚?」我當時正忙於準備第二天的碩士論文答辯,匆忙回覆:「不如改天吧!等我答辯完的週末才一起吃一頓豐富的晚餐吧!」

  我沒有刻意留意友人有沒有回覆,繼續埋頭苦幹,卻想不到這是我們的最後對話。

  傍晚時分,我伸一伸懶腰,正想休息一會,突然收到大學老師傳來的噩耗——「小楊下午在教學樓九樓跳了下來。」

  我握住聽筒,呆了數十秒……這是不是撥錯了?是不是惡作劇電話?我們不是約了星期六一起吃大餐嗎?是我不肯應約令她不開心?這其實是不是另一個小楊?不,這不是她!沒可能的!

  我無法接受我的好友就這樣結束了她年僅25歲的生命……一整晚,我腦內不斷浮現一幕幕與她一起的片段,我很想她可以在夢中與我相見,跟我說她是被害的,那人根本不是她……

  想起那最後一個短訊,我無比自責。假如我當時能察覺她有什麼不對,假如我主動一點,假如我當天不管多忙都抽出一丁點時間來陪好友一起吃飯聊天,結局會否不一樣?

  我主修地理學,當時我不禁自我懷疑,突然覺得我修讀的地理學專業似乎毫無建樹,也開始搜索自殺的相關文獻。有次,我偶然瀏覽到防止自殺研究中心的網頁,頓然發現原來自殺與人的生活環境,甚至社會大環境等因素充滿關聯!

  我知道無論我做什麼,好友都不能死而復生,但如果我能運用自己的專業知識來理解那份痛苦的根源,並能為備受困擾的人做一點事,彷彿就能減輕一點心中的愧疚。

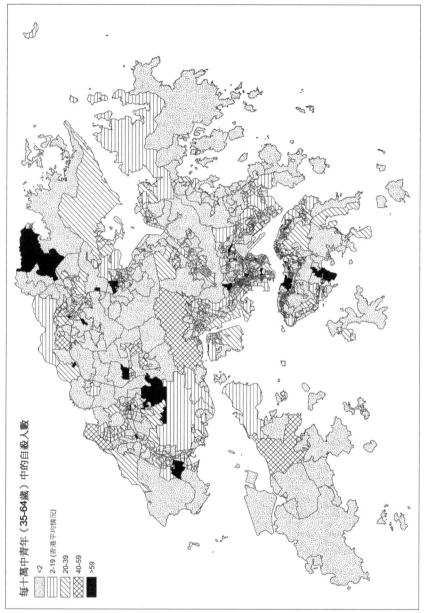

每十萬中青年（**35-64歲**）中的自殺人數

<2
2-19 (香港平均情況)
20-39
40-59
>59

圖5.5：35–64歲自殺輕生者地區分布圖

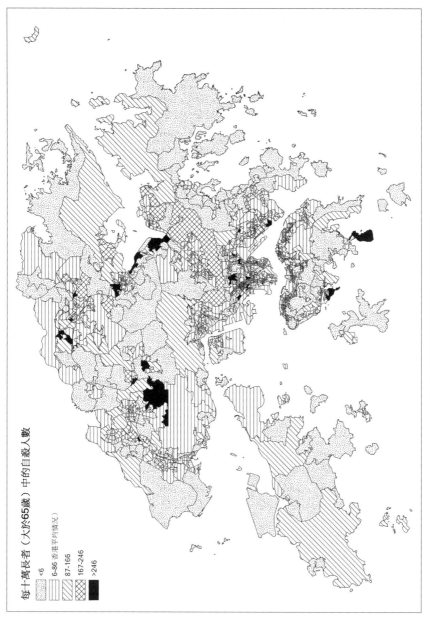

每十萬長者（大於65歲）中的自殺人數

<6
6-86 香港平均情況）
87-166
167-246
>246

圖5.6：65歲以上自殺輕生者地區分布圖

增潤篇：自殺行為與生活環境（Guo et al., 2019）

預防自殺不僅要關注微觀的個人心理素質，也要關注與我們生活息息相關的宏觀因素。我們利用了地理資訊技術探索香港自殺熱點地區，發現香港青年自殺熱點，多集中在平均收入水平較低的地區，顯示他們的自殺與地區經濟有明顯的關係。

長者自殺熱點則多為公共設施較為缺乏的地區。對他們而言，公共設施，如公園健身場地等，不僅是一種運動場所，更是幫助他們融入社區、感受陪伴，和減低孤獨感的重要場所。

另外，自殺行為與獲取自殺方法的容易程度亦有關聯，如教學樓高層的防護欄或玻璃等防護措施，能阻擋了部分的自殺行為，給予當事人額外緩衝的時間去思考人生，從而有放棄自殺的機會。

這些發現對我們制定社會政策都具有重要的參考價值，令社區及公共服務資源都可以得到更優化的配置，能具針對性及有效地投放資源到真正有需要的自殺熱點地區。

參考文獻

Guo, Y., Chan, K. S. T., Chan, C. H., Chang, Q., Lee, R. S. Y., & Yip, P. S. F. (2021). Combined effects of individual and neighbourhood socioeconomic status on older adults' mortality: A retrospective follow-up study in Hong Kong. *BMJ Open, 11*(4), e043192. https://doi.org/10.1136/bmjopen-2020-043192

Guo, Y., Chang, S. S., Chan, C. H., Chang, Q., Hsu, C. Y., & Yip, P. S. F. (2019). Association of neighbourhood social and physical attributes with depression in older adults in Hong Kong: A multilevel analysis. *Journal of Epidemiology Community Health, 74*(2), 120–129. https://doi.org/10.1136/jech-2019-212977

Hsu, C. Y., Chang, S. S., Lee, E. S. T., & Yip, P. S. F. (2015). Geography of suicide in Hong Kong: Spatial patterning, and socioeconomic correlates and inequalities. *Social Science & Medicine, 130*, 190–203. https://doi.org/10.1016/j.socscimed.2015.02.019

增潤篇：反思公共空間與學童自殺的關係

蔣柏倫

近年學童自殺情況有飆升的跡象，驅使我與其他同事仔細翻查死因庭的數據來尋找蛛絲馬跡。期間發現大部分自殺學童，都是來自新市鎮的公屋家庭或就讀被標籤為最差的「Band 3」學校。這樣看來，是否驗證了出身決定了一生的命運？是否應驗了「成功靠父幹」？而「千金難買少年窮」是否已經過時？

然而，當下很多傳奇富豪、商業奇才都是經歷了不順境的童年，堅韌和不服輸的性格就這樣被生活「迫」出來了。反觀現今的孩子，成長環境相對較好，物資豐盛，資源不乏，無可避免地讓他們習慣了安逸和舒泰，既不需要「憂柴憂米」，又不需要為生活奔波，或者不自覺就養成了「衣來伸手，飯來張口」的習慣，當遇上了人生挫折，就容易裹足不前，甚至逃避問題，這相信是下一代人最大的危機。「成功靠父幹」是一個危機，「輸在起跑線」又有風險，究竟何處才是樂土？

由於我的專業是建築，因而對城市規劃及建築設計都特別敏感。

數據顯示公屋家庭或被標籤的「Band 3」學校確實有較多的自殺學童，這或者可能與香港多年墨守成規的城市規劃和一式一樣的建築設計有關。

從前，生活環境擠逼的香港人總懂得忙裏偷閒，每逢假日必定會與家人一起去行山、逛某大商場或日式百貨公司等，過程中不知不覺就培養了親子關係、價值觀及待人處世的人生哲理。但很可惜，往事只能回味。現今資訊科技發達，全民皆擁抱杜博式社會（Society of the Spectacle），捨棄舊有生活方式，七情六慾皆由虛擬世界掌控。智能手機的出現，以及 Amazon、eBay、淘寶等網站的興起，徹底挑戰了空間的定義。正當這些新興霸權取代了公共空間時，個人空間質量亦因「土地問題」縮減，抹殺了大眾紓緩心理壓力的權利。

最近社會都有不同聲音討論要修復這兩條砥柱，重建香港核心價值，但遠水不能救近火，長遠願景無法即時解決具迫切性的問題，就如學童自殺。為了撲熄民怨，社會最容易把這個重擔卸到教育工作者的肩膊上，誤以為單靠軟件的提升就可以解決問題。我同意軟件需要定期更新，但硬件也需要同時作出檢視，或許我們可從城市發展史裏尋找答案。

城市規劃缺少公共空間，年輕人缺乏發展潛能的平台

在歐美的新市鎮，學校、教堂、市場往往是最先被規劃的建築群，從古至今也是當地著名的地標。到後期維多利亞、愛德華時代，英國已有一套中小學規劃標準，以配合國會的普及教育政策，一個可容納十萬人的市鎮內，每四

分一英里蓋一間有規模的小學，半至一英里設立一間中學，目的是方便學童在就近學校上學，而這標準亦相繼在 20 世紀初於歐美各大花園城市實踐。學校不只傳遞知識，而是全人的發展，包括運動、美藝、社交、解難，以及創意，目的是為孩子的將來奠定良好的基礎。

英國城市規劃師霍華，在 1898 年構思出新一代市鎮的建立，應由綠化地帶圍繞，稱為「花園城市」。當時作為英國殖民地的香港亦深受影響，在 1920 年引入這發展模式。受英國規劃概念的影響，仿效「花園城市」模式的住宅區在界限街以北、啟德及九龍塘地帶規劃出現。一些家長心儀的「名校」，如當時剛遷往旺角校舍的拔萃男書院、九龍城區的喇沙書院、瑪利諾修院院學校、協恩中學等，正是這時代的產物，其校舍規模亦是根據當時英國本土公立中學的標準而建的。

但 20 世紀 60 年代起，石峽尾木屋區的大火、大量中國內地居民湧入香港，以及嬰兒潮等使人口激增，政府不得不趕急發展新市鎮以容納這些人口。從此，建造低密度住宅及大型校舍開始變得不切實際，更莫説「花園城市」的規劃實在是太奢侈了。

為了減低建築成本，很多辦學團體所建的校舍設施越趨簡化。因為學校資源有限，大環境標榜成績，教育工作者自然容易偏重學生的學業，資源亦主力投放於提升學術成就層面上，彷彿學生的公開試成績，才是評估學校質素的唯一準則。又因地理環境的貧乏，興建田徑場、泳池、網球場，加建音樂室、工場等空間就變得次要，規劃遙遙無期。

另外，因為教育制度分流的關係，太多團體在同一校區辦學，把原本一些空曠地段分割成小塊，以致學校再沒有多餘的空間擴建，要發展就只有向高空發展。學校的空間小，學生可以發揮潛能的平台就更少，教育不期然成為了工廠，倒模式「製造」一個又一個「一式一樣」的學生，天賦才華被埋沒，創意被打壓，學生問題便自然頻生。

每個人都有與生俱來的潛能，正如愛因斯坦的名言「每個人都是獨特的」，我們絕不能用同一個標準來衡量各人的成就，就正如不能叫魚兒和猴子一同比試爬樹，也不能説猴子比魚兒優秀。雖然校舍的建設早已存在，但為長遠發展，檢視校舍的規劃也是無可厚非。硬件要檢視，軟件也要提升。教育工作者應該善用更多公共空間，多為學生營造能發揮他們潛能的平台，好讓他們除了學業成績以外，都能表現自我天賦，做到真正的多元發展，從而提升其自信心及解難能力。

其實公共屋邨或「Band 3」都不應被標籤，學童自殺問題的癥結是缺少發展潛能的空間，缺少造就另類英雄的平台。軟硬件共同提升，方能有效改善學童自殺的問題。

防止自殺的「守門員」

黎翠珊

「北區 15 歲小情侶相擁跳樓亡」

有報章的 A1 頭條以此作標題，圖文並茂，詳盡描繪了兩位自殺者的背景，整個篇幅足以擾亂我全日的心神。

另一份報章的報導則刊登了當中的自殺少女在學校寫的文章，文中洋溢着陽光氣息，擁有正面的人生觀。我一面看她的遺作，一面想着她短暫的人生，心裏就隱隱作痛。為何在面對困難時，她選擇了輕生？

從過往中心的研究得知，有些地區的自殺風險相對較高，並有機會出現自殺群組（包括年青人的自殺群組），而北區就是其中一個。為此，研究中心在葉教授領導下，在北區展開了為期三年的「愛‧希望 @ 北區心理健康促進計劃」，聯同社署、警方、房署、醫院管理局、民政署、五間社會福利機構、IVDC，以及家教會等，集結跨專業的力量，回應青少年身心健康需要為目標。計劃內容包括地區教育活動、「守門員」培訓、提升大眾對自殺危機的敏銳度，以及優化支援企圖自殺者的轉介機制。

在計劃的首個年頭，不同持份者對這個計劃都抱持正面的看法，認為處理青少年自殺問題是刻不容緩的，亦認同跨專業合作能將各專業力量和智慧連繫，為企圖自殺者及其家庭提供更快捷、適切、有效的服務。然而，在一些曾被傳媒廣泛報導過的屋邨推行計劃時，物業管理公司經常多番阻撓，推搪說要獲得業主立案法團的批准。

「你們不能在這屋邨講這些議題，你們先找業主立案法團吧！」

「可以怎樣找？」

「你們自己打電話到辦公室吧，我也不清楚。」

我們前後拜訪了兩次，都被管理公司推搪。最終在民政署穿針引線下，我們才成功與主席及其委員見面，向他們詳細介紹我們的計劃。主席及委員們欣聞我們研究團隊是本着關注青少年的身心健康，不僅准許我們在邨內推行數個有關提升身心健康意識的活動，更因而認識了邨內兩個社會服務單位，並與其合作，推行連串關顧居民需要的服務。

另一難題隨之出現：哪兒能找到推廣身心健康訊息的適合場地？當時，領匯基金以該屋邨商場沒有社會福利用途場地為由，拒絕了我們的查詢。幸

最終得到法團批准，讓我們在邨內擺放易拉架及海報，向居民傳遞身心健康的重要訊息。

　　三年半的計劃期間，法團與研究團隊及邨內社會服務機構合作無間，組織了不少提升居民身心健康的活動。隨後收集的數據亦顯示，該屋邨自殺個案數目明顯低於其他屋邨。在計劃尾聲，法團主席及委員也表示，他們留意到邨內居民比以前更關注自己及鄰居的身心健康，遇到有人有情緒困擾時，會主動找法團查詢處理方法。

　　其中一位法團委員更分享：「因為這個計劃，我們的居民都感受到被關愛，心靈都溫暖了。」

　　這句說話，令我想起自殺者在計劃結束自己生命前，或者曾思考過「生與死」的問題，亦可能希望得到別人的關注及關懷。其實，一句關心的說話，也很有份量。每個人貢獻一些，就已經可以帶來改變！

全民皆兵，守護長洲

黎翠珊

　　九七金融風暴後，有不少遊人帶着一顆顆灰心喪志的心靈出走離島，揀選景色怡人的長洲度假屋作為他們生命最後的落腳點。

「夫婦長洲度假屋燒炭亡」

「兩名婦人欠下巨債燒炭亡」

「小情侶疑家事經濟困擾燒炭」

「一對男女疑爛賭欠債燒炭亡」

　　一段段駭人的新聞報導，令這個小島的度假村從此掛上了「燒炭勝地」的污名，人人聞之色變，也令不少無辜的度假屋房東和長洲原居民被牽連，一一被負面的情緒籠罩着。

　　「他們昨天來登記的時候，還有講有笑。晚上也有跟我打招呼，說要吃頓美味海鮮餐，我就介紹他們到『強記』，想不到，今天他們就⋯⋯」

　　「為什麼總要來長洲找死？明明這裏是度假、散心的好地方！」

　　「這已經不是這個月的第一單了！這次還要是兩夫婦，希望他們沒有子女，否則小孩餘生的日子都不知道怎樣過！」

　　「唉！無錢不用死嘛，有命就可以賺回來啊！『命仔』不是比錢要緊嗎？」

　　長洲居民你一言，我一語，對一眾燒炭而亡的遊客表達無限的惋惜。與此同時，一群心繫長洲居民的鄉事委員會成員萌生起「自己的長洲，自己救」的念頭，主動接觸本中心，希望能夠突破困境。

　　為此，研究團隊跟一群鄉事委員會成員為警察、社工及度假屋房東，進行一連串的預防自殺培訓，讓他們一同化身成為自殺者的守護天使，做好監察預防工作。

　　「我們幾代人都在長洲大，生於斯，長於斯，無長洲，就無我！」帶有鄉音的鄉委會大叔，一面輕拍心口，一面振振有辭的帶領着各持份者討論可行的方法。

　　「我闔上眼都可以走遍整個長洲！誰是本地人，誰是遊客，我一眼就看得出，我每天下午都可以出來巡巡，看看有沒有形跡可疑的人！」

　　「你走訪街道，我就留守碼頭，總之大家互相合作，見機行事！」

「我做士多的，誰過來買炭，我就多問幾句，看看他買來做什麼啦！一有可疑，我就通知大家。」

房東們亦各出其謀，想盡辦法阻止遊客在度假村自殺。

每每有可疑人士租度假屋時，員工們都額外殷勤有禮，不時找藉口來補給物資，從中觀察租屋人士有否傷害自己的行為；他們又會不經意地巡查，觀察屋內有否冒煙或傳出燒炭氣味，若有租客攜炭出入會加倍留神。

前線警務人員則於渡輪碼頭附近觀察落船人士的神色，遇有垂頭喪氣、悶悶不落的，就會主動上前查問，關心對方來長洲的因由。一旦遇上有自殺念頭的遊人，他們就會轉介給社工跟進，希望可以儘早介入協助，鬆綁他們的鬱結。

本中心則主要負責傳授實務予度假屋房東、員工及前線警務人員，例如分享一些鑒貌辨識的技巧，以及有自殺傾向人士的特徵。這不但增進島民對防止自殺的知識，還令他們學會如何辨識有自殺念頭的高危人士。

「有自殺念頭的人都不一定想死。如果我們能在他們猶豫時介入，讓他們有多點時間再去思考人生，可能會改寫他們人生的結局。」

「如果發現有人無緣無故坐在一旁，可能在飲泣，可能在發呆，大家都要多加留意！」

「在午夜或零晨時分，有情緒困擾或抑鬱的人經常難以入睡，所以要格外留神。」

同時，度假屋房東們齊心嚴格執行了「三不租、三留意」的措施：單身人士不租、愁眉苦臉及吵架情侶不租、兩男兩女不租。他們時刻留意買炭租客、房間有沒有炭味傳出，及是否有租客失蹤。

短短一年，長洲自殺個案由首年14人銳減至2人。直至現在，度假屋仍堅持此做法，計劃推行了十年後，現時該處每年亦只有一兩宗自殺個案。我們研究團隊也曾親身嘗試獨自一人租屋，結果遭到婉拒。這證明了當年計劃仍能在長洲持續下去。

長洲居民熱愛自己的小島，自發尋找良方對抗悲劇的發生。他們全民皆兵，人人都化身成為小島的守護天使，把關愛傳遞到每個遊人心中。那份守望相助的精神，不但把小島的污名除去，更使小島再次賺得「旅遊聖地」的美譽。

增潤篇：從自殺方法了解輕生者心態

不同的自殺方法會吸引不同的人士選取，由以下列表得知，跳樓仍然是所有
年齡層中佔最大比例的自殺方法，當中最多人選取此方法輕生的年齡組群是
15至24歲；而燒炭自殺則較常見於35至44歲這個年齡層。

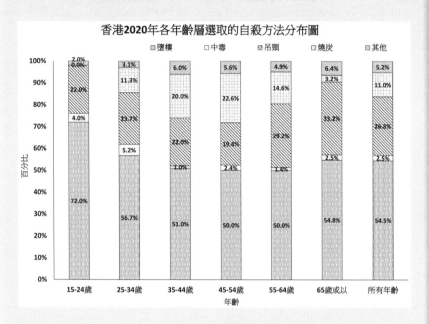

圖5.7：香港各年齡層選用的自殺方法分布圖

　　選取不同的自殺方法可以反映出輕生者不同的心態：

燒炭自殺

　　中年自殺者較多選取燒炭方式來自殺。由於事前需要準備的功夫較多，
故相信一般都經過深思熟慮後，才作出自殺的決定，並可能一早已計劃好，
處心積慮以自殺來結束生命。如果在當事人鑽入牛角尖前，有人可以及早介
入，就有機會改變當事人的選擇。

跳樓自殺

　　這個方法相對較多年輕自殺者採用，亦是香港常見自殺方法中最為致命
的，多顯露出自殺者想死的決心，亦有機會是衝動下作出的行為。在平日，
我們應當學習處理自己的情緒，以免在情緒突襲時，作出不可挽回的事情。

參考文獻

Lai, C. C. S., Law, Y. W., Shum, A. K. Y., Ip, F. W. L., & Yip, P. S. F. (2019). A community-based response to a suicide cluster: A Hong Kong experience. *Crisis, 41*(3), 1–9. https://doi.org/10.1027/0227-5910/a000616

Leung, M., Chow, C. B., Ip, P. K. P., & Yip, P. S. F. (2020). Geographical accessibility of community social services and incidence of self-harm. *Spatial and Spatio-Temporal Epidemiology, 33*, e100334. https://doi.org/10.1016/j.sste.2020.100334

Law, Y. W., Yeung, T. L., Ip, F. W. L., & Yip, P. S. F. (2019). Evidence-based suicide prevention: Collective impact of engagement with community stakeholders. *Journal of Evidence-Informed Social Work, 16*(2), 1–17. https://doi.org/10.1080/23761407.2019.1578318

Wu, K. C. C., Chen, Y. Y., & Yip, P. S. F. (2012). Suicide methods in Asia: Implications in suicide prevention. *International Journal of Environmental Research and Public Health, 9*(4), 1135–1158. https://doi.org/10.3390/ijerph9041135

第六章
跟心靈共行

他真的跳下去了！

熊曉梅

　　兩年前的一個晚上，我們一家吃過晚飯，如常的在沙發上一面看電視，一面閒聊。小兒子和一般年青人一樣，「機」不離手，把所有心神都投放在社交媒體上。

　　突然，兒子拉着我的衣襟焦急地說：「媽媽，我有個同學說要跳樓！」

　　「怎會呢！同學是說說笑吧，別太認真！青少年總喜歡引人注意！你看，這個演員做得很神似啊……」我的眼睛一直盯住電視機，敷衍地回應。

　　「媽媽，是真的！我的同學在群組正討論這件事！」兒子再次拉着我。

　　「弊！他真的跳下去了！」兒子看着手機，被一個接一個的訊息「洗版」，我和丈夫都頓時嚇呆了。

　　由於事件發生在鬧市商場內，不消半小時已有詳盡的新聞報導。原來小兒子所說的一切皆屬實，家裏的氣氛也突然變得沉重無比。

　　據兒子的描述，自殺的同學是一位內向的男孩，他從小就被外籍父母收養，一直對自己的身分（identity）感到迷惘。儘管父母對他關懷備至，給予優質的生活環境，入讀國際學校，看似沒有功課壓力，也沒有同學排斥，他還有一群要好的知己，也有疼愛自己的老師。然而，內心的糾結似乎支配了整個身軀，他挑選了一個熙來攘往的時間，從一個時尚的商場高層一躍而下，跟埋藏心底的鬱結來個了結。此舉卻在愛護他的人心裏留下了一個永不能癒合的傷口。

　　作為母親，我也容易忽略年青人的感受。原來年青人說要自殺，不一定是信口開河，更可能是真有行動，且來得果敢。他們內心可能已經歷了一連串的掙扎，最終迷失在漆黑裏，找不到出路。朋輩間不懂得回應這類的訊息，誤以為是說說笑，洩憤的戲言。殊不知，不知道從何而來的勇氣使少年人的世界在刹那突然停頓，大家的內心亦狠狠地被割開了。

增潤篇：青春期的心理需要

身分和角色混淆（identity and role confusion）是美籍著名心理學家，艾瑞克森（Erik Erikson）所提出的社會心理發展階段（psychosocial development）八大時期中的第五個時期（13至19歲）。在青春期階段，青少年的發展特徵是自我身分（identity）的形成，當青少年在面對新環境時，會把過去的經驗、目前的認知及對將來的期望聯繫起來，以便整合一個完整的自我，從中認定自己的身分。而在發展過程中，有可能會遇上不同的疑慮而阻礙了自我身分認定的發展，這種情形就是「自我身分混淆」（identity confusion）。他們會反覆思考有關「個人」的問題，例如：「我現在想要什麼？」、「我有什麼能力？」、「我的興趣其實是什麼？」、「我希望將來如何？」等，他們一般都能整合出一個較為符合自己的情況，知道自己的角色和肯定自己的能力。

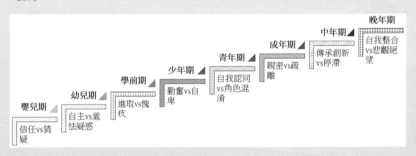

圖6.1：艾瑞克森社會心理發展階段

艾瑞克森社會心理發展階段（Erikson, 1959）

　　然而，並非所有青年人都能如此順利建立一個明確的自我身分。師長們如能循循善誘，多加肯定，效果就可能比較順利。青少年如果在這個時期對「自我身分混淆」，即個人的行為與個人的角色不符或與其社會背景不相符合，可能就會變得退縮、頹廢或適應困難，不但影響個人的發展，也形成了社會的問題。

增潤篇：網絡支援：「Open 噏」

鑒於現今的年青人多不愛説話，只喜歡低頭用他們懂的文字和表情符號（emoji）表達自己的感受或看法，要他們主動「露面」，尋求幫助，實屬難事。本中心與其他服務機構共同開發「Open 噏」服務，一個專為年青人而設的網上輔導平台，好讓年青人可以盡情表達他們的感受。同時，受訓的社工、輔導員及義工每天24小時無間斷地回覆他們的訊息，並作出專業的支援。

這個平台亦會提供定期的精神健康講座、溝通技巧等培訓予家長、同學、義工或其他有心人士，目的就是訓練大家成為年青人的守護天使。

圖6.2：「Open噏」標誌

賽馬會青少年情緒健康網上支援平台（又名「Open 噏」）是全港首個全天候24/7為11至35歲青少年提供情緒支援服務的網上文字輔導平台，只要你想傾訴，隨時隨地都有輔導員為你傾聽解憂。你可透過手機或電腦，在WhatsApp、FB Messager 以及我們官方網站聯繫我們。

圖6.3：「Open噏」聯絡方法

誠蒙賽馬會慈善信託基金的捐助，「Open 噏」已由 1.0 升級至 2.0，服務使用人數也不斷增加。現時，我們與五間非政府組織機構（NGO）：香港小童群益會、香港明愛、香港青年協會、香港青少年服務處及聖雅各福群會合作，系統會使用大數據來分析使用者的對話，以更精準掌握服務使用者所面對的問題，以便採取適切的方法梳理他們的情緒，提升他們的解難能力，最後達致減低他們自我傷害和自殺的危機（Yip et al., 2020）。

參考文獻

Erikson, E. H. (1959). *Identity and the life cycle*. International Universities Press.

Erikson, E. H., & Erikson, J. M. (1998). *The life cycle completed*. W. W. Norton.

Vogel-Scibilia, S. E., McNulty, K. C., Baxter, B., Miller, S., Dine, M., & Frese, F. J. (2009). The recovery process utilizing Erikson's stages of human development. *Community Mental Health Journal, 45*(6), 405–414. https://doi.org/10.1007/s10597-009-9189-4

Yip, P., Chan, W. L., Cheng, Q., Chow, S., Hsu, S. M., Law, Y. W., Lo, B., Ngai, K., Wong, K. Y., Xiong, C., & Yeung, T. K. (2020). A 24-hour online youth emotional support: Opportunities and challenges. *The Lancet Regional Health – Western Pacific, 4*, 100047. https://doi.org/10.1016/j.lanwpc.2020.100047

要等你先開口，那冬天才會走

陳淑婷

「有一次在馬路旁，我聽到一把聲音跟我說：『你走出去給車撞死吧！』又有一次在月台上等火車，那把聲音又跟我說：『你跳下去吧！』那一刻我真有想過試一試……」一把熟悉的聲音從電視中傳出，接受訪問的女生正是我的高中同學。

她個子小小，話不多，總是帶着笑臉。雖稱不上為知己，但我們偶爾也會訴心事。

猶記得那年高考放榜的時候，我的成績未如理想，悶悶不樂，只能強顏歡笑裝作面具。她卻能窺探到我的內心世界，更親手寫了一張鼓勵卡給我，當中一句「我覺得你可以的，要對自己有信心！」仍深深印在我的腦海。

畢業後我們各奔前程，甚少聯絡，只偶爾在同學聚會中碰面，又或是社交媒體中問好。直至那節目播出，我才意識到社交媒體所表現的「安好」，原來都是假象。

節目在我心中扎了一根刺，原來曾經朝夕相對的朋友竟曾有輕生念頭，我卻懵然不知，也不敢開口關心別人，怕被誤會「八卦」。

直至研究中心舉辦「以一分鐘，改變一生」的防止自殺短片創作比賽，我再次聯絡這位舊友，邀請她以唱作人身分參加，她才主動向我分享那段黑暗的日子。

高考那兩年，她背水一戰，上課溫習就是她生命的全部，她認為家人只關心她的讀書情況，故從不會與他們分享心事，與家人關係淡薄。面對朋友，她自認不善辭令，深信「我說又說得辛苦，別人聽又聽得辛苦，所以我選擇不說」，因此也不曾訴說心事。

高考後她未能升上大學，轉而報讀了副學士，為自己加上「失敗者」的標籤。生活上接二連三的「失敗」令她不勝負荷、情緒崩潰，更萌生了輕生的念頭。

「死了便什麼都不用再管，負面感受經常追住我，我已沒有什麼動力，亦找不到生存的意義了。」

她害怕「失敗」，也害怕意圖自殺的自己；她想死，也想活。後來她鼓起勇氣，找一位朋友傾訴。這個朋友也沒有靈丹妙藥，但卻給了她最重要的支

持：陪伴、聆聽及一個溫暖的擁抱。靠着朋友的陪伴和社工的輔導，她終於走出幽谷，並打消了輕生的念頭。

就如台灣樂團五月天的歌，「總要有人來陪我，嚥下苦果，再嚐一點美夢，要等你先開口，那冬天才會走」。一個人往往無力對抗「世界的紛亂」，會把自己困在死胡同。如果我們能多加留意，主動關心別人，能察覺意圖輕生者所留下的線索，可能就能把他從鬼門關拉回來。也許，當刻他們想結束的只是「無比的痛苦」，而不是「可貴的生命」。

增潤篇：自殺行為可能只是一時衝動

一項外國研究（Seiden, 1978）曾追蹤515位在1937至1971年間意圖於美國金門大橋跳橋卻被制止的自殺未遂者多年，截至1978年，高達94%的自殺未遂者仍然活着或死於自然。

在2005年，另一項外國研究（Hawton, 2007）訪問了153位13至34歲曾有過致命性自殺的人士，了解他們在決定自殺到付諸行動之間相隔多少時間。有超過70%的被訪者表示，在萌生自殺決定後的一小時內會付諸行動，更有24%的人僅在五分鐘內便作出行動。由此可見，自殺行為很多時都是一時衝動，如果能及時制止他們，多數他們都會繼續活下去。

參考文獻

Hawton, K. (2007). Restricting access to methods of suicide: Rationale and evaluation of this approach to suicide prevention. *Crisis, 28*(S1), 4–9. https://doi.org/10.1027/0227-5910.28.S1.4

Seiden, R. H. (1978). Where are they now? A follow-up study of suicide attempters from the Golden Gate Bridge. *Suicide and Life-Threatening Behavior, 8*(4), 203–216.

揮之不去的黑狗

張鳳儀

　　某天我在世界衛生組織的網站上無意中看到一段介紹抑鬱症的影片。影片講述一頭黑狗突然出現在門外，闖進了故事主人翁的生活故事。不論起居飲食，上班下班，甚至玩樂睡覺，「牠」都無時無刻纏繞着他，他正在被吞噬着，他是這樣形容的：

> 別人看到天晴，我就看到昏暗；別人聽到嘻笑，我就聽到怒罵；
>
> 別人精神抖擻，我就一蹶不振；別人從容不迫，我就坐立不安；
>
> 別人躊躇滿志，我就愧疚當初；別人自我肯定，我就自覺頹廢；
>
> 別人充滿期盼，我就萬念俱灰；別人與友相伴，我就獨來獨往。
>
> 「牠」愈變愈大，對我的影響愈來愈深。我再無法集中精神工作，無法安然入睡，無法駕馭我的情感，無法抵擋「牠」對我的支配。
>
> 為了逃避別人發現「牠」的存在，我戴上不同面具，在不同場景扮演着不同角色，我漸漸地與「我」失去了聯繫，「我」亦已不再存在。
>
> 我變成了那頭黑狗，那頭黑狗就是我。

　　影片以黑狗作比喻，形象化地訴說抑鬱症患者不為人知的苦惱。故事主角失去了他原本擁有的身分，換來了一個叫「抑鬱症」的新稱號，從此就主宰着他的生命。

　　遺書中未必能確定輕生者生前是否曾被診斷患有抑鬱症。然而，抑鬱情緒就像對過去的自己充斥內疚、對現在的自己失去價值、對將來的自己失去信心，那份絕望和無力感都一一流露在字裏行間。

　　「我性格本來就這樣，不會溝通，不會跟人講心事，很多東西都只會放在心裏。很多次家裏無人的時候，我都會偷偷自己哭，甚至尋死。但當你們問我有沒有事的時候，我都答你們很好，但其實我心裏一直都不開心，只是不想你們擔心！」一個充滿愧疚的「不孝子」絕筆。

　　「對不起！你們不需要再為我這個失敗者傷心！」這是一個認為自己沒有價值的拔尖大學生的最後一句話。

「對不起！我知道說什麼也沒用，不要自責，是我沒有福氣再留在這個世上……」一個孝順女認為自己不配生存下去。

「我要為我的頹廢人生畫上一個句號，永別了！」一個坐在天台上的少女在手機上向好友傳送出最後的訊息。

懂得覺察自己的情緒是很重要的，在抑鬱情緒還未有能力完全支配我們的生命時，我們應該想辦法減低其破壞力。感受就是感受，有時會正面一點，有時又會負面一點，不需要過分聚焦於某一點上。嘗試擁抱和接納所有的感受，因為它是一扇門去幫助我們認識更多的自己，了解自己的想法，探索自己的渴望和價值觀，能夠幫助我們在人生軌道上作出相應的調整。

俗語云「人生不如意事十常八九」，每人每天都有着不同大大小小的煩惱，有時實在會很焦急想立刻清除煩惱，但有時，事情又未必如我們所願，可以刪除，可以有「Take 2」。因此，請在安穩平靜的時候，好好鍛鍊我們的抗逆力，提升我們的解難能力，為自己的身心健康而努力。

增潤篇：認識抑鬱症

抑鬱症猶如患上感冒一樣，是一種身心病，而非弱者的表現。它受遺傳、環境與個人因素影響，或由腦內血清素分泌失調引致，嚴重的抑鬱症患者甚至會出現幻聽、幻覺、其他精神疾病，更甚者或會自殺。

世衞資料顯示，全球有超過三億人與抑鬱症共同生活，在 2005 至 2015 年間，全球有 18% 抑鬱症案例的升幅。而據香港衞生署統計，本港有超過三十萬人患上抑鬱症狀。精神科醫生指出，抑鬱症為精神科自殺率比較高的疾病，倘患者無適切治療，自殺率達百分之十五。從過去五年的自殺數據顯示，有超過一成的自殺輕生者是死於復發性重度抑鬱症（Major Depressive Disorder——Recurrent）。全球 15 至 24 歲的組群，則有超過兩成年青人是因為抑鬱而自殺身亡的（Gotlib & Hammen, 2002）。抑鬱症的自殺者，可能到死還深信自己就是那個不值得同情的「失敗者」。事實上，抑鬱症是可以治癒的，透過藥物和心理治療，一般都可以控制病情。

增潤篇：抑鬱症的徵狀

抑鬱症患者會出現多種生理及心理病徵。一般在連續兩星期出現下列五項或以上徵狀，便有可能患上抑鬱症。請謹記抑鬱症和抑鬱情緒是不同的。

- 情緒低落
- 對事物失去興趣或無法享受
- 食慾不振
- 失眠
- 激動不安
- 缺乏動力
- 覺得自己一事無成
- 精神難以集中
- 想到自殺

假如你有上述列舉的五項或以上徵狀出現，並正影響着你的日常生活，便應立即就醫。尋求幫助不是懦弱的表現，患上抑鬱症也不是一件可恥的事，只要配合醫生的診治，並建立一個健康的生活習慣，學習正向的思維模式，相信就能抵禦病患。

增潤篇：對抑鬱情緒的自我檢閱

當被抑鬱情緒纏繞時，請嘗試靜下來，與自己共處一刻，檢閱下列各項，嘗試為自己作出適當的調整：

- 相信你是寶貴的
- 堅持每天出外運動
- 注意作息時間，睡眠充足
- 聆聽自己的內心感受，善待自己，不要批判
- 學習處理壓力的新方法
- 嘗試建立一個新興趣
- 與一個可信任的朋友傾訴
- 相信「一切會過，一定會有轉機！」
- 如狀況持續，請尋求醫生的診斷

增潤篇：對抑鬱情緒的自救方法

- 向信任的人（如伴侶、朋友或輔導員）傾訴感受
- 保持活躍的日常生活，安排戶外活動或多做運動
- 保持正常飲食，例如進食大量蔬果、確保飲食均衡
- 避免借助吸煙、飲酒或藥物濫用來抖擻精神，相反情緒會變得更低落
- 爭取休息，例如可行的話，暫時放下手頭上的工作
- 透過運動、冥想、瑜珈或按摩鬆弛一下
- 可以善用輔導熱線服務，向專業的輔導員剖白感受，並尋求解決方案

請記着：當苦惱不堪的時候，切勿壓抑自己的情緒，應嘗試向別人表達。倘若情緒比平常低落，而且沒有好轉的跡象，便應向醫護人員或其他專業人士尋求援助。

（資訊來自：香港特別行政區政府衛生署）

勉勵篇：在牛角尖上尋找出路，探索更多可能

遇上困難，可嘗試循以下方法去改變自己的思考模式：

1. 跳出「個人化」（personalization）的迷思：

   - 避免把所有責任歸咎到自己身上

     例1：「他今天沒有跟我打招呼，一定不喜歡我了。」

     ※「他近日忙透了，連午飯也會很遲才吃，他可能需要多點空間。」

     例2：「都是我不好，如果不是我，這件事不會糟蹋了！」

     ※「沒有什麼如果了，不如檢討一下，我可以在哪方面改進！」

2. 跳出「普遍化」（pervasiveness）的迷思：

   - 不要盲目相信負面的影響會覆蓋到生活的每個層面

     例1：「我今次測驗不及格，文憑試沒希望了，更莫說要入大學……」

     ※「距離文憑試還有一段長時間，我可找出今次不及格的原因，然後捲土重來！」

     例2：「他不理睬我，這個世界無人會再關心我了！」

     ※「沒有他，我還有小學同學、中學同學、爸爸、媽媽關心我，總不相信找不到一個真心關心我的人！」

3. 跳出「永久化」（permanence）的迷思：

- 不要輕信負面的影響會永久持續

  例1：「沒了，我永遠都不能成功啦！」

  ※「雖然是老生常談，我依然相信『失敗乃成功之母』，只要我努力，
  一定可以克服的！」

  例2：「連他都這樣對我，我一世都不會再找到幸福了！」

  ※「我不開心他這樣待我，但我知道幸福不是靠別人施捨，我相信我
  可以找到幸福的！」

（Seligman, 2018）

增潤篇：與患有抑鬱症朋友的相處

如你身邊有抑鬱症的朋友，請謹記：

- 不要批判：「你不要轉牛角尖啦！做人正面些！」
- 不要比較：「你好應該學習一下大哥，你太懦弱了！」
- 不要教導：「你可以嘗試這個方法，大事化小，小事化無，最緊要就是想
  開一點！」
- 不要挖苦：「你看看那群敘利亞難民吧，人家沒有得吃都堅強過你，你小
  小事就已經垂頭喪氣！」

請嘗試肯定對方的價值，並列出具體的事例，例如：

- 「無論你讀書成績如何，你還是父母的寶貝兒！你在……這方面表現十分
  優秀，只要你繼續發揮所長，一樣可以表現出色！」
- 「見工不論是否成功，你還是一位盡責、有上進心的優秀人才！還記得你
  上次的成功經驗……」

（根據世衞的建議，輕度的抑鬱症是可以透過與專業人士傾談來疏導患者情
緒的。）

參考文獻

Brådvik L. (2018). Suicide risk and mental disorders. *International Journal of Environmental Research and Public Health, 15*(9), 2028. https://doi.org/10.3390/ijerph15092028

Gotlib. I. H., & Hammen C. L. (Eds.) (2002). *Handbook of Depression.* The Guilford Press.

Johnstone, M., & WHO (Directors). (2012, October 2). *I had a black dog, his name was depression.* [Motion Picture]. YouTube. https://www.youtube.com/watch?v=XiCrniLQGYc

Johnstone, M., & WHO (Directors). (2014, September 4). *Living with a Black Dog.* [Motion Picture]. YouTube. https://www.youtube.com/watch?v=2VRRx7Mtep8

Seligman, M. (2018). *The optimistic child: A revolutionary approach to raising resilient children.* Hachette UK.

World Health Organization (2019). *Mental health.* http://www.who.int/features/factfiles/mental_health/en/

World Health Organization (2021). *Depression.* https://www.who.int/news-room/fact-sheets/detail/depression

香港特別行政區政府衛生署（2018）。〈她失落了……一同認識抑鬱症〉。好心情。https://www.joyfulathk.hk/images/res/leaflet_understand_depression_together.pdf

香港特別行政區政府衛生署（2020）。〈男性心理問題——抑鬱症〉。https://www.chp.gov.hk/tc/static/80080.html

香港特別行政區政府衛生署（2020）。〈認識抑鬱症〉。陪我講 Shall We Talk。https://shallwetalk.hk/app/public/files/understanding_depression_tc.pdf

香港特別行政區政府衛生署（2021）。〈抑鬱症〉。智友站。https://www21.ha.org.hk/smartpatient/SPW/zh-HK/Disease-Information/Disease/?guid=deee56b4-cec7-4d51-9460-1d071856856f

愛情，直教生死相許

張鳳儀

　　愛情是自古至今牽動眾生心靈的課題。它沒有標準課程，也沒有專家教授，卻是我們每個人的人生必修課。有些人會選擇在跌跌碰碰中學習，有些人會選擇仿效電影情節來學習，有些人會從自己父母身上學習。學懂的會較容易得到幸福和美滿；學不懂的，就可能鑽入牛角尖，做出傷人害己的行為。有不少自殺輕生者在遺書裏流露出對愛情的執着，誤把自己趕上了絕路。

　　為愛輕生的 12 歲女孩問：「你不愛我，我生存還有什麼意義？」

　　14 歲男孩寫下：「你答我，是否以後都不再回來我身邊？我要你後悔！」

　　22 歲少女在最後一次發送給前男朋友的訊息上寫道：「對不起，我以後不再煩你了……我很想你，每次見你上線，但又不回覆我，我心好難受，只有你可以給我幸福，但你沒有……」

　　27 歲青年對前女朋友最後請求：「如果我死了，你會多看我一眼嗎？」

　　少女在天台上發出最後的訊息：「我和 BB 好快可以在天堂見面了！」

　　中年女子在天橋上最後的呼喊：「雖然你變了很多，但你在我心中……永遠也是我最愛的一個男人，永別了！」

　　退休丈夫對妻子說出的最後一句話：「你沒守承諾，背棄我，我做鬼也不放過你！」

　　無論少男少女，正值壯年、晚年，都會渴慕那份被愛、被需的感覺，嚮往着一份如膠似漆、山盟海誓的戀愛情懷。當初在人海中相遇，從心如鹿撞到無限牽掛，把人生目標和意義跟對方連結起來，更有甚者會依附對方而生，無法獨自生活，一旦失去對方就等同失去生命一樣。

　　一對戀人經過時日的洗禮，單憑「感覺」來維持關係是絕不容易的。倆人性格的差異、生活習慣的分歧、價值觀的落差，甚至對將來的冀盼等，都需要雙方在歲月中磨合，考驗彼此之間的信任和安全感。一旦緣分終結，情感操縱了理智，有些人會送出千萬段訊息，只求把對方已死的心甦醒起來；有些人會失去自信，一蹶不振，只躲在被窩裏泣不成聲，無法過正常的生活；有些人更會因愛成恨，以死要挾，不惜用內疚和絕望來折磨對方。

　　「你什麼時候回來？上次你跟她見面究竟做了什麼？你哪有講我知！我問你呀！你為什麼不出聲？」

「你不信我，我們怎可能在一起！我們還是不結婚了，你執拾好你的物品，今晚就搬走！我想靜一下！」

「你講什麼！你夠膽就講多次！你一定後悔！」她大吼着蹤身一躍。

街上傳來「砰」的一聲巨響，她倒在他歸家的路途上。

他們原是一對情侶，曾經計劃共度餘生。

類似的悲劇，在我們的城市裏不斷上演。

要真正做到「拿得起，放得低」，談何容易。愛情就如「二人三足」遊戲，過程中，有人放棄，有人堅持；有人只顧自己，有人不顧自己。實在需要綿綿不斷的協商，方能在磨合過程中建立默契。如果「拍擋」堅決退出，這場遊戲還是不能勉強繼續下去，與其再折磨大家，倒不如學會放下，等待下一場「二人三足」遊戲罷了。

人生中不只有愛情，還有親情和友情。愛情只是人生中其中一個經驗，有得有失，有愛有痛，最重要的，是如何在過程中不斷學習，發展出一個更好的自己（a better me）。在經營好一段愛情以前，總是要先懂得愛護自己，裝備好自己。

"If you love something, let it go. If it comes back to you, its [*sic*] yours forever. If it doesn't, then it was never meant to be." —Unknown

增潤篇：愛情三角論：激情、親密與承諾

耶魯大學心理學教授 Robert Sternberg 在 1986 年提出了「愛情三角論」（Triangular Theory of Love），指愛情需要由三個重要元素來組成，分別是「激情」（passion）、「親密」（intimacy）及「承諾」（commitment）。圓滿的愛情（consummate love）是人們一直嚮往的理想關係，它就是由親密、熱情與承諾產生的相互作用。

　　然而，一般人往往只追求感覺，陶醉在浪漫愛情裏，即只有「激情」和「親密」來組成關係。可惜，浪漫感覺瞬間即逝，唯有依靠認知層面的「承諾」，方能維持長久的關係。「承諾」代表着忠誠、責任和犧牲，是需要學習、改進和克制的。

療癒情傷

分手往往為我們帶來很多負面的情緒，如傷心、鬱鬱寡歡、憤怒等，它們可能會嚴重影響當事人的日常生活，如提不起勁工作、食慾不振、失眠，甚至引發抑鬱的徵狀。如果涉及第三者，當事人更有可能會把自身與第三者作出無謂的比較，誤以為是對方搶走了屬於自己的東西，繼而產生憤恨，甚至會抱持復仇的心態並有所行動。至於對待前度，亦有可能會死纏爛打，苦苦哀求，只為爭取一絲的復合機會。

　　那麼我們該如何抵擋負面情緒，以理性態度去處理分手？

　　首先，請給予時間空間去沉澱自己，讓自己默默接受現實，接納自己所有的感受。同時，可與信任的朋友分享內心世界，千萬不要視自己為唯一的「受害者」，否則療癒情傷就更為艱難。請把過去的感情視作為人生的其中一個歷程，是一個自我成長的機會，請嘗試多花時間在一直守護你的人身上（家人、朋友等），嘗試發掘個人興趣，投入一些愛好（如音樂、運動），學習一個新技能，以上種種都可以讓我們走出情傷。

　　另外，別急於尋找另一段愛情作為代替品，否則你或會不經意地把前度和現任來比較，更有可能只懂活在前度的影子底下，對自己和現任都不是一件好事。有需要時，還是可以與專業人士傾談，詳情可參閱附錄一。

參考文獻

Sternberg R. J. (1986). A triangular theory of love. *Psychological Review, 93*(2), 119–135. http://doi.org/10.1037/0033-295x.93.2.119

能醫不自醫

葉蔚林

　　為了探究自殺因由，我跟同工們到醫院探望和訪問一些自殺不遂的人，其中一位樣貌端好、談吐優雅的女子，令我印象深刻。目睹她手腕上的那塊大大的白色紗布，我的心不期然也戚戚痛：「發生了什麼事情……令你傷得這麼深？」

　　話還未說完，她的眼眶已漸漸湧出了淚水，然後徐徐地流下來。我好像觸碰了她心靈深處。

　　「其實也不能怪責他，明明說了沒可能有將來，就是我自己沒用，總是放不下……嗚嗚嗚……也不知道為什麼現在會去到這個田地啊！」她哽咽道出自殺的導火線。我默默地聽着，感受着她內心的苦困。

　　「其實我也是一個專業人士，每天都面見很多受情緒困擾的人，教他們如何紓緩情緒、靜觀、好好地疼愛自己，千萬不要傷害自己……可是我自己卻做不到，我還憑什麼教導他人？懂得說，不懂得做，你說我是不是能醫不自醫？」她垂下頭，只聽見她斷斷續續的慟哭和自責的啜泣聲。

　　我輕拍她的肩膀：「卸下工作的盔甲後，我們都與一般人無異，會受傷，情緒會低落，亦有需要別人幫助的時候。」

　　她靜默了一下，沉沉地呼出一口氣，勉強地在羞澀的臉上擠出了一個笑容。

　　精神健康是每個人的必修課。不論背景、學歷、專業資格，不管對各種心理治療有多熟練，對心理健康的知識有多了解，親身遇到問題時，或許會力不從心，未能完全活用專業渡過難關。

　　在香港社會，我們都把焦點放在弱勢組群的福祉上，對於專業人士的精神健康服務和關注卻寥寥可數。坊間以為這個專業人士群組能醫就能自醫，特別是醫生、護士、心理學家和社工等，因為其專業的關係，就能對情緒問題免疫，與精神疾病絕緣。可是，當他們卸下「專業人士」的盔甲以後，還是要面對自身的生活擔子、人際關係、生命的起伏。他們全心全意投放時間給別人時，仿似擁有着生命所有的答案。奈何，當自己遇到困擾，專家們為了不「拆自己招牌」，在自我薰陶下，會不自覺地以為一定有辦法「醫治」自己，不需要其他人的幫忙。這個弔詭的想法，或許就令他們的情緒找不到出口，把其推入死胡同，更難自拔。

　　要承認自己的軟弱從來不易，要接納這個不足的自己更是困難。但當感到力有不逮時，要記住總有人願意與你分憂，不論你是什麼身分，你真正的價值遠超過你的「頭銜」，純粹因為你是你，所以就值得被聆聽。讓我們彼此互相需要，一同面對生命中的無常。

參考文獻

Kwok, C. L., & Yip, P. S. F. (2017). Diminishing seasonality of self-harm: Temporal trends in Hong Kong SAR. *Journal of Affective Disorders*, *207*, 63–68. https://doi.org/10.1016/j.jad.2016.09.025

Kwok, L. C., & Yip, P. S. F. (2018). Estimating incidence rate of hospital-treated self-harm in Hong Kong using capture-recapture approach. *Crisis*, *39*(3), 205–217. https://doi.org/10.1027/0227-5910/a000494

Leung, M., Chow, C. B., Ip, P., & Yip, P. S. F. (2019). Ascertainment of self-harm at general hospitals in Hong Kong. *Asian Journal of Psychiatry*, *42*, 1–9. https://doi.org/10.1016/j.ajp.2019.03.005

Yip, P. S. F., Hawton, K., Liu, K., Liu, K. S., Ng, P. W. L., Kam, P. M., Law, Y. W., & Wong, T. W. (2011). A study of deliberate self-harm and its repetition among patients presenting to an emergency department. *Crisis*, *32*(4), 217–224. https://doi.org/10.1027/0227-5910/a000069

拒絕「求助」?

羅亦華

　　了解企圖自殺者的心聲,想知道他們對社會或醫療服務的看法,為何不主動尋求幫助等,都是多年來不少研究自殺的專家學者們,甚或乎是社會工作者想一一窺探的領域。究竟是什麼令他們卻步?他們的價值觀如何影響到他們的決定?為此,我邀請了六位因自殺未遂,情況危殆而被送到深切治療部接受治療的病人進行訪談,以便深入了解他們尋死前的心路歷程。

　　自殺者在付諸行動前,多曾經歷一連串的不如意事件,以及不同程度的情緒困擾,最終因承受不了種種過度的負面情緒,而選擇作出結束生命的行動。根據醫院管理局的資料,在 2008 年 7 月 1 日至 2011 年 6 月 30 日間,有4,177 名香港居民故意服毒自殺,當中有 1.4% 的個案是屬於致命個案。接受我們訪談的六位病人,在過去 12 個月裏均有傷害自己的紀錄,然而在這段時間裏,他們甚少或拒絕接受任何專業人士的幫助,令人感到慨嘆。在文明進步的香港,雖然精神健康服務資源有限,但要幫助如此嚴重的自我傷害個案,應該不難實行吧?

在絕望中依賴專業服務的幫助可行嗎?

　　可惜的是,這些受訪者均不認為尋求專業服務是一個可行的選擇。事實上,這正正顯示出他們在困境中以負面或偏執的心態看待自己的需要,錯誤地理解了怎樣才是合適的出路,導致他們逃避甚至拒絕接受幫助。即使是接受過高等教育、擁有專業技能的受訪者,在計劃自殺前,也絲毫沒有考慮過尋找社會或醫療服務:「看似很荒謬,但事實是當天我如常的工作,亦知道完成工作後,下一個任務就是去自殺。期間,我確實沒有半點掙扎⋯⋯我是一個專業人士,求助資料當然瞭如指掌,在哪裏求助,找誰求助,我一清二楚,只是我認為我不需要他們的幫忙!」更有另一位受訪者表示:「我不想剝奪別人的福利,精神科服務留給有需要的人去用吧。我沒有這方面的問題,我不覺得我需要使用精神科的服務。」縱使服務在當事人眼前,但卻被視為透明,甚或乎給標籤成有精神病的人才需使用。至今為止,社會大眾仍戴着有色眼鏡看待精神健康的服務。

認為服務沒有用

六位受訪者認為社會及醫療服務根本無助於解決他們的問題。其中一位受訪者回憶自己過去使用社會及醫療服務的經歷，表示幾乎每次都令其失望：「我已經看了許多醫生，但沒有一個能幫到我，抑鬱症一直無法痊癒，所以今次我的決心很大……」另一位受訪者也表示：「與其找精神健康服務，不如直接找我的醫生朋友，我相信幫助會比『精神健康』服務有用。」受訪者的分享，正正反映出有強烈尋死意念的人，他們的使用服務的動機較低。這個強烈尋死意念令他們更加難以察覺自己的身心需要，成為我們經常聽到的「不需要『精神健康』服務了，我很好」。這個心理枷鎖，使他們尋找適合的服務難上加難。

認為「我應該」自己處理問題

所有經歷嚴重的情緒困擾的受訪者，都傾向自己處理問題，而非向外尋求援手。其中一位受訪者在憶述服食過量藥物經歷時表示，他寧可傷害自己，也要拒絕身邊所有人的幫助：「幫人還可以，叫人幫自己？不會吧！雖然我窮，但我都有尊嚴，我怎樣辛苦都不會請人幫忙！」還有一位受訪者是這樣說的：「他們（專業人士）只是說他們不能幫助，即我得自己解決問題。」或許這正是中國人傳統的價值取向，寧可選擇保住自我價值與尊嚴，也不想麻煩別人，給別人加重負擔，或者是因為負面的服務使用經驗，決定避免再次重蹈覆轍。可惜的是，這個「我的問題，自己解決」心態卻是他們將自己推向死胡同，拒絕外界援手的重要原因。「求助」這兩個字，事實上帶有嚴重的自我歧視的色彩，令一般人感到只有十分失敗的人才需要「低頭」向別人尋求幫助。

其實，每一位曾經在人生低谷中徘徊的朋友，都想在適當的時候有人明白自己說不出的痛苦，並主動向自己伸出援手。這六位受訪者與我分享了他們最難以言喻、徘徊於死亡邊緣的經歷。雖然事隔數年，但他們的聲音，言猶在耳。他們的分享正反映出現存的服務有需要改善的空間。其實，只要我們在服務設計上稍加心思，與受情緒困擾人士及其家屬朋友同行，並多加溝通，或可與他們一同看到問題的盡頭。

在香港，社會精神健康服務之發展，質素之保證，亦見日趨成熟有效。但有不少服務在宣傳時仍強調有需要的人士要「主動求助」，變相阻礙了企圖自殺者使用專業服務的機會，又或令正受嚴重情緒困擾的當事人卻步！要有需要人士主動提出幫助，在消除歧視方面，仍然有待改善。

參考文獻

Law, Y. W. (2018). Roads less taken: Pathways to care before near-lethal suicide attempts. *International Social Work*, *63*(4), 1–13. https://doi.org/10.1177/0020872818796135

勉勵篇：堅持善行　有益身心健康

本中心在數年前舉辦了「青少年友伴同行」計劃，把一至兩位深水埗區的初中學生與一位義務導師作配對，希望能為學生提供更多接觸社會不同階層人士的機會，藉此增強其解難能力的技巧，繼而有助面對生活上的各種挑戰。同時，計劃又希望為有心服務社會的在職人士提供一項有益身心的活動。

計劃中有一個小胖子，跟他的義工導師 Raymond 關係特別親密。他與很多中學生一樣，不喜歡讀書，不喜歡英文。小胖子從小就沒有爸爸，家中只有媽媽和妹妹，過往跟進他個案的社工一律都是女性。

「我身邊的人都是女性，除了他，我從來都沒有一個親密的男性朋友！」小胖子指着義工導師 Raymond 害羞地笑。

Raymond 是一位爸爸，有一個上初中的女兒。他與小胖子相當投契，甚至把他當成自己的兒子一樣看待。

「他啊，是個好孩子，只不過沒有人懂得跟他溝通，久而久之，就覺得其他人不關心他。」Raymond 說。「他只是缺少一個在身邊鼓勵他、支持他的年長男性，剛巧我們認識了，我就做我應該做的事。」

Raymond 不但付出了時間、耐性，還有無私的愛心。除了計劃安排的定期活動外，他會約小胖子放學後一起吃飯，假日相約去踢足球或打保齡，還會一起去唱 K。透過這些緊密的接觸，鼓勵了小胖子不放棄自己，並向自己的理想進發。

小胖子喜歡吃，也略懂烹飪。他其中一個願望是能夠一嚐正宗西餐的滋味，夢想將來能成為一個西廚。

Winnie 是我們中心的長期捐助者，也是一個媽媽。

有一次，Winnie 與家人到迪士尼遊玩時，看到一對夫婦帶着子女在樂園門前徘徊，初時她以為他們找不到售票處，細問之下才得知夫婦倆因經濟問題，負擔不起帶子女到園內遊玩，唯有帶他們在園外感受歡樂的氣氛。

這次經歷令她相當感慨，兩個孩子乖巧而期待的眼神觸動了她。因此她決定每年捐款，讓基層的孩子能夠得到入樂園遊玩的機會，她深信「父親從小教導我，『勿以善小而不為』，可以承傳他的美德是我的福分」。

因為 Winnie 的捐獻，以及香港迪士尼的捐助，小胖子和其他參加計劃的中學生，以及他們的家人，可以同遊迪士尼樂園和品嚐園內美食。

臨近計劃尾聲，小胖子跟媽媽、妹妹和 Raymond 在迪士尼的餐廳門口，說：「樂園餐廳的食物很好吃，我想每樣都試一試，我會把這些味道牢牢記着，直至有一天，我會學懂烹煮出來給你們吃！」小胖子舔舔嘴唇，流露出一個愛吃的表情，同時充滿自信的許下承諾。

　　小胖子原本是一個無心向學的學生，上學經常遲到或無故缺席，但自參加計劃後，Raymond 成為了他生命中其中一個重要的人物。

　　「我是第一次感受到有人關心自己，他不但願意聆聽我的心事，不胡亂教訓我，而且還會和我一起解決困難，甚至啟發我尋夢。到迪士尼樂園遊玩實在令我很開心，可以吃到樂園餐廳的食物也令我很滿足。我正想像着如何烹調出同樣的菜式來！」小胖子笑眯眯的分享。

　　Winnie 總認為自己的捐贈微不足道，Raymond 也不認為他對小胖子的關心需要被大肆宣揚。但這些小小的善行，鼓勵了十多個深水埗的家庭，燃亮起小胖子的夢想，更激勵了其他慈善團體一同捐助支持青少年服務的計劃。星星之火，真的可以燎原。這個活動不但擴闊了小胖子的眼界，為他播下夢想的種子，亦為 Raymond 和 Winnie 帶來了許多身心的滿足感，體驗到「施比受更為有福」的真諦。堅持「善行」，的而且確會對我們的身心有莫大的裨益（Xiao et al., 2021）。

參考文獻

Cheng, Q., Kwok, C. L., Cheung, F. T. W., & Yip, P. S. F. (2017). Construction and validation of the Hong Kong Altruism Index (A-Index). *Personality and Individual Differences, 113*, 201–208. https://doi.org/10.1016/j.paid.2017.03.042

Xiao. Y., Wong. K., Cheng, Q., & Yip, P. S. F. (2021). Understanding the better than average effect on Altruism. *Frontiers in Psychology*, 11, e562846. https://doi.org/10.3389/fpsyg.2020.562846

鳴謝

本中心成立至今，鳴謝梁愛詩女士、李瀚良法官，政府不同的部門，如教育局、民政市務局、社會福利署、衛生署、食物環境衛生署、消防處、香港警務處、醫院管理局、死因裁判法庭等的協助，還有一眾國際及本地學者、香港賽馬會慈善信託基金、滙豐銀行慈善基金、優質教育基金、香港社會服務機構、各大媒體等，以及城中各界有心人士的捐助，致力支持我們的發展，讓我們可以與香港人共行，研究適時適切的防止自殺策略。盼望我們都能夠「懷抱希望」，彼此攜手共同渡過生命中的每個挑戰。我們會繼續為香港提供一個既全面又準確的自殺人口統計分析，並會在學校、社區，甚至在網絡媒體上，積極推廣精神健康的重要性和推行防止自殺的計劃，與香港市民共同建構彼此的「守護天使」。

在過去，本中心一直遇到很多有心人，就如（排名按筆劃順序）：

➢ 社聯伙伴基金創辦人莫綺文女士捐助「WeCare 與我同行」的網站及大專學生主導計劃的推行

➢ 何鴻毅家族基金捐助「有計傾」促進家庭和諧計劃

➢ 周鎮邦醫生捐助自殺與空間分析（Suicide and Spatial Analysis）

➢ 恆基兆業地產有限公司執行董事李家傑先生捐助中心推出「李家傑——關生希望計劃」

➢ 香港賽馬會慈善信託基金捐助賽馬會青少年情緒健康網上支援平台（又名「Open 噏」）和賽馬會耆樂「友」心社區計劃，協助提升精神健康的社區工作

➢ 郭少儀女士積極參與防止自殺計劃的推廣和教育

➢ 郭炳湘夫人捐助數項的防止自殺計劃研究

➢ 華人置業非執行董事劉鳴煒先生捐助「WeCare 與我同行」計劃

> 凱瑟克基金撥款支持手機應用程式「Pocket Jelle」，協助提升青少年身心健康

> 會德豐執行董事黃光耀先生捐助數項提升年青人身心健康的計劃，以及聯同九龍樂善堂策劃「樂善堂轉贈愛」計劃

> 經濟日報集團主席馮紹波先生成立了杜鵑基金（Azalea (1972) Endowment Fund），捐助本中心研發智能電話應用程式幫助有抑鬱徵狀的年青人

> 滙豐銀行慈善基金撥款支持的社交網上防止自殺計劃，透過社交媒體的力量去連繫有情緒困擾的青少年

> 優質教育基金多年撥款支持在中、小學及幼稚園推行的「兒童心理健康多元學習課程」和「培養學生正面態度和價值觀」主題網絡計劃、「青少年精神健康預報系統及早期介入」和「共建卓悅校園」計劃等

感謝這些有心人跟我們共行，好讓我們可以服務社會各階層的人士，並帶出最重要的信息——「願陪着你」。

最後，還要感謝各大媒體，包括《信報》、《明報》、《經濟日報》、《南華早報》、《蘋果日報》、《香港01》、《中國日報》等的幫忙，一直同心協力推動精神健康及防止自殺的信息。

勉勵

(一)

感謝葉兆輝教授的邀請，讓我為《願陪着你：從遺書尋找預防自殺的啟示》寫寄語。

香港特區政府一直關心市民的福祉，並十分重視精神健康的推廣。約二十年前，在香港的自殺率有上升趨勢之際，特區政府撥款支持成立香港大學香港賽馬會防止自殺研究中心，以推動防止自殺研究項目。經過葉教授及其團隊的努力和各界的參與，香港的自殺率在幾年間便有所回落。

為更全面應對學童自殺的問題，特區政府在 2016 年成立防止學生自殺委員會，葉教授應邀出任委員會主席，聯同各專家和學者就如何預防小學、中學及專上學生自殺，提出了短、中、長期的建議措施。委員會的建議具體，涵蓋面廣，使學生的精神健康得以改善，亦給予學校適切的支援。

本書按真實事例編寫，字裏行間都感受到當事人內心的掙扎，家屬的無奈和痛苦。與此同時，我們感恩本中心同工們對愛惜生命、挽回生命的堅持，願意承擔起如此艱巨的任務——防止自殺。每個人的生命都是獨特的，我們未必能全然了解對方，但書中帶出最重要的信息是彼此的陪伴，只要我們對對方不離不棄，願意為彼此多行一步，使更多人感受多點關愛，重新認識生命的價值，即使身處黑暗中，仍然能找到曙光。

香港是我們的家，我們在這裏成長，經歷人生的高低起伏。為有需要援助的朋友多做一點事，也是香港人互相幫助的精神。我盼望讀者可一起關注自己、家人和朋友的精神健康，共建一個友愛、安全的社區網絡，發揮大家所長，彼此關顧。

最後，我謹祝賀香港大學香港賽馬會防止自殺研究中心成立二十週年，在未來繼續與香港人同行，攜手應對挑戰，再創輝煌。

前政務司司長張建宗

（二）

防止自殺的工作，從來都不是一件容易做到的事。葉教授和他的團隊自2000年起，便肩負起防止自殺的使命，推動社會各界關注精神健康。我衷心感謝葉教授和中心同事一直以來的付出和努力，為香港建構一個保護網，支援一群有需要的朋友，讓香港成為一個關愛共融的社會。

還記得2010年，北區在短短六個月內發生連串青少年自殺個案，令我十分擔憂，亦非常擔心這情況會持續並擴散開去。當時我是社會福利署署長，知道葉教授在長洲及東區透過結集社區力量而讓自殺個案數目明顯下降，經驗或許有助解決北區青少年自殺問題，於是我便緊急邀請葉教授及其團隊作出商討。在獎券基金的撥款及社署提供行政支持之下，我們開展了為期三年的「愛·希望 @ 北區心理健康促進計劃」。感謝多個政府部門（包括民政處、房署、北區醫院、警務處等）、北區社會福利機構及地區人士的通力協作，協助推動不少防止自殺的工作，當區的自殺數字其後顯著回落。

我相信，這種跨界別、跨專業合作，加上「心之所向」的信念，會有效地建構社區安全網，讓有需要的居民得到適切的支援。非洲有句諺語：「It takes a village to raise a child」，意謂養育孩子需要整個部落的力量，有點「幼吾幼，以及人之幼」的味道。港大團隊這個結合「實踐」與「研究」於一身的社區計劃，獲國際期刊 Crisis 刊登報告，充分肯定了這種運用社區力量，提升社區能力，以支援區內居民需要的工作。

在此祝賀香港大學賽馬會防止自殺研究中心成立二十週年，望其繼續擴大社區安全網，堅守精神健康防線！

公務員事務局局長聶德權

(三)

I first met Professor Paul S. F. Yip in November 1999 together with some research collaborators from HKU and CUHK. We discussed the development of an international research effort to more deeply understand suicide and develop new approaches to prevention. Colleagues and I at the University of Rochester had been working in the field since the mid-1980s and had talked often about finding international partners who would bring new perspectives and ideas. That Hong Kong conversation provided the basis for a February 2001 grant application to the Fogarty International Center of the US NIH, where we combined our efforts to develop what was called an International Clinical, Operational, and Health Services Research and Training Award (ICOHRTA). Our ICOHRTA was called the China-Rochester Suicide Research Center (CRSRT).

The CRSRT provided funds for postdoctoral fellows from Hong Kong and China to spend a year at the University of Rochester Medical Center working in our Center for the Study and Prevention of Suicide, and for US scholars to travel to Hong Kong, as well as universities in Chengdu, Changsha, and Beijing to build new linkages. In addition to training a new generation of researchers, a major focus emerged in 2002 working with Prof. Yip to develop a centre of excellence at the University of Hong Kong, meeting such leaders as the Health and Welfare Secretary, the Justice Secretary, the Coroner's Court, and in time, key personnel from the Hong Kong Jockey Club. It became most apparent that the drive and commitment to prevent suicide was community-wide, not solely an aspiration of academics, health providers, and researchers.

Thus, the HKJC Centre for Suicide Research and Prevention has been built and sustained on the rock of broad, abiding community commitment. In a reciprocal fashion, the centre has consistently sought to introduce and push forward new efforts that aim to reduce the burdens of suicide, attempted suicide, and their antecedent social, economic, and individual level risk factors. This deep bond between the centre and the community is unique.

The centre brings other unique qualities that are recognized around the world. Given Professor Yip's background as a statistician and epidemiologist, it is renowned for data analytic studies of suicide that are sophisticated and enlightening. The close ties with the Coroner's Court and local authorities have facilitated research that has led directly to prevention initiatives, including efforts to reduce carbon monoxide poisoning from the indoor burning of charcoal; school, community, and social media-based programs to reduce youth suicide; and programs to reach isolated older persons during the COVID-19 pandemic.

It has been exciting to see the growth and impact of the centre during these past two decades. While many academics pursue research "productivity," I value most research that makes a difference for communities and their members. The continuing dedication of the HKJC Centre for Suicide Research and Prevention to this mission is, perhaps, its greatest contribution to Hong Kong and its residents.

Eric D. Caine, MD
Professor of Psychiatry, Emeritus
Co-Director of Center for the Study and Prevention of Suicide
University of Rochester Medical Center

（四）

生命是寶貴的，也是脆弱的。人生路上若有人陪伴同行，灰心時有人鼓勵，跌倒時有人扶持，迷路時有人導引，即使經過高山低谷，也不會感到無助絕望，甚至走上不歸路。年青人在成長過程中，同樣需要同路人和守護者的陪伴，一同尋找生命中的喜悅。

自殺個案一宗都嫌多，學童自殺事件令我倍感痛心，死者父母和親友的哀傷及遺憾更是難以想像，社會大眾亦不禁嘆息和不解。國際和本地的相關研究指出，自殺是一個複雜的社會問題，由多方面的因素互相影響而成，包括精神健康、心理因素、與家人及朋輩的關係、生活的適應，以及學習和生活上的各種壓力等。國際研究結果亦顯示，超過八成的自殺身亡個案都是有先兆的。因此，適時介入和支援有自殺念頭的學生尤其重要。

教育局十分重視防止學生自殺的工作。我們一直鼓勵學校採用全校參與模式，根據世界衛生組織的指導原則，從「普及性」、「選擇性」和「針對性」三個層面，促進學生的精神健康，以及加強支援有精神健康需要（包括有自殺風險）的學生。我們為前線教師及學校工作者提供培訓和資源手冊，幫助他們掌握處理學生自殺行為的知識和技巧，以及即時回應他們的需要。我們亦為學生及家長提供「守門人」培訓，教導他們識別自殺警號，正確應對負面想法及處理自殺行為。我們樂見不少學校已累積了在校園推動精神健康活動的經驗和心得，例如培訓學生成為守護大使和身心健康大使等，提升整體學生的精神健康，創造接納關愛的文化，加強學生的抗逆能力，促進他們的心理健康。

香港大學香港賽馬會自殺研究中心成立二十年來，透過多元化及針對性的研究及介入，在防止自殺的工作不遺餘力，頗有成效。葉兆輝教授亦曾任教育局在2016年成立的「防止學生自殺委員會」的主席，貢獻良多。我衷心感謝中心一直積極探討防止自殺的方法，並致力緩解自殺事件對自殺者遺屬及親友的心靈創傷。在《願陪着你：從遺書尋找預防自殺的啟示》一書，中心除了分析自殺趨勢外，更把積累多年的經驗寫成一個又一個觸動心靈的故事，立體地呈現自殺的不同成因、先兆和警號，喚醒大眾共同守護身邊的人。每個故事更附有增潤篇或勉勵篇，扼要簡潔地介紹與個案相關的知識、技巧及處理態度，例如教導我們如何引導身邊的人，在牛角尖內尋找出路，跳出多種迷思，並以正向教育認識和善用自己的強項。我深信讀者定能得到啟發。

　　正如書名「願陪着你」，讓我們一起攜手合作，以具體行動去關心、陪伴和支持身邊的人，加強彼此聯繫，為社會築起安全網，建立珍惜生命、熱愛生命的群體。

教育局常任秘書長

李美嫦

（五）

對絕大多數人而言，死亡是令人談之色變的事情，死亡像個黑暗而巨大的斗篷，裏挾着恐懼、絕望、哀傷和痛楚，在漫漫人生路上投下陰影。螻蟻尚且貪生，人類更是想方設法延續生命。佛家裏講「人生難得今已得」，意思是説，成為人類已是成功，今天的一切已是收穫，要好好珍惜這修來的成果。

然而，也有不少人因為種種原因，選擇自我結束生命，或許有的人覺得生無可戀，或許有的人覺得難以承受痛苦，他們選擇了當時覺得較容易的選擇，但他們的選擇，卻留給身邊的人更難的抉擇：該如何接受、該如何處理、又該如何放下，每一步都是痛！

許多人或許很難理解，為何有人會走上自殺的道路，不明所以也自然難以及時伸出援手。尋求自我結束生命的人士，他們就像深陷漩渦的遇溺者，沉淪而下，而無力自救。

過去幾十年中，我一直參與救助生命的慈善工作，與葉兆輝教授相識、相交也有二十個年頭了。葉教授用他的專業和愛心，數十年如一日地投身在防止自殺的事業中，挽救了無數生命和家庭，我深深欽佩。

在救助生命的工作過程中，我也深深體會到，面對在生命淤泥中掙扎的人士，每個人都會有惻隱之心，但提供幫助時需要得其法，就如拋下一條救生索，才可以拉起這遇溺者。防止自殺的工作，被動回應式的輔導始終有限，責任也不能只落在少數的支援機構上，我們需要尋找好的辦法，把救命的繩索牢牢遞給掙扎中的人。

葉教授把過去多年工作經驗，編纂成書，這既是一本實用的工具書，讓每一個普通人，都可以明白如何面對自殺這個難以接受、也不懂處理的悲劇，如何更好的關愛身邊每一個人，因悲劇再少都嫌多。這也是一本啟迪人心的智慧書，讓我們看到「人生在世，不如意事十常八九」，但總有辦法渡過。我們一起，總會找到更好的方法。

未來的世界，人工智能和創新科技也會給社會和個人帶來很多挑戰，我們可能要面對更大的工作壓力、更複雜的情感困擾、更具結構性的社會問題。但只要我們每一個人，都可以用赤誠之心，願意陪着對生命失去意志的人，讓他們對生命重拾希望，就是我們人生最大的功德。

李兆基基金董事

李家傑

（六）

　　精神健康是社會可持續發展的重要元素，也是守護生命的護身符。香港賽馬會慈善信託基金一直心繫市民的心理健康，支持多個情緒支援服務，預防輕生悲劇，包括於 2002 年撥款成立香港大學香港賽馬會防止自殺研究中心，結合專業力量，透過嚴謹的科學實證研究和學術基礎，分析自殺原因，掌握最新數據和趨勢，並協助制定防止自殺策略，提升社會的整體福祉。

　　隨着社會與科技的急速發展，馬會亦與時並進，主導推出創新、優化的服務模式，以應對社會挑戰。其中我們於 2017 年起捐款超過一億五千四百萬港元，夥拍研究中心及多間社福機構，開展賽馬會青少年情緒健康網上支援平台——「Open 噏」。這是全港首個為 11 至 35 歲青年，提供 24 小時的真人文字對話輔導服務，讓他們可隨時隨地在無標籤、高私隱度的環境下，獲得適切的情緒支援。

　　研究中心在「Open 噏」擔當重要角色，包括數據分析以不斷改進服務，與前線工作人員共同制定服務守則，並促進不同網上情緒支援服務的國際交流。我們喜見「Open 噏」深受青年人歡迎的程度，截至 2021 年 5 月，平台共接收了逾 350 萬個訊息，錄得超過 75,000 個青年人的求助，當中發現超過 2,700 宗高風險個案，並及時伸出援手，化解危機。另外，服務訓練了超過 2,000 名義工和守門人，以加強其對文字輔導的認知及技巧。平台更累積超過 300 萬次瀏覽、讚好及追蹤次數，成果實在令人鼓舞。

　　「Open 噏」現已進入第二階段，將讓更多青年服務機構加入，進一步提升服務自動化分流及數據管理，強化業界人士進行網上輔導的專業能力，並促進線上線下服務的無縫配合以發揮協同效應，從而增加社區持份者對青少年精神健康的重視及危機個案的敏銳度，鼓勵有需要人士及早求助，尋找出路。賴於多年研究與學術基礎，研究中心亦會持續就「Open 噏」進行專題研究，不但以數據為本來提升服務，並且會深入探討時下青少年的情緒狀況，以加強早期介入的預防工作。我們希望，平台長遠能開拓社會服務新常態，讓更多人受惠。

　　除「Open 噏」以外，馬會亦通過多方協作，支持針對不同年齡層人士的情緒支援服務。例如 2016 年由賽馬會主導推行的「賽馬會樂齡同行計劃」，為有抑鬱風險的長者提供及早介入和支援服務，增強長者面對晚晴的抗逆力；另外，在今年主導展開「賽馬會平行心間計劃」，在全港設立八間關注青年人心靈健康的中心。研究中心的成立與一系列情緒支援服務，貫徹馬會致力建

設更美好社會的宗旨，透過獨特的綜合營運模式，以稅款及慈善捐款，將博彩及獎券收入回饋香港。

在此衷心感謝研究中心過去二十載對愛惜生命、挽回生命的默默付出和堅持。期望中心繼續擔當市民強而有力的後盾，與我們攜手推廣生命教育，以同理心、愛心及關懷支持身邊的人，避免憾事發生。

香港賽馬會慈善及社區事務執行總監
張亮

（七）

與葉教授和其香港大學香港賽馬會防止自殺研究中心（中心）的團隊結緣，是 2016 年。當時青少年自殺的悲劇接二連三，該年的 3 月份更出現「九天七宗個案」，社區一片愁雲慘霧。大家立願為青年人「做一些事」，在香港賽馬會慈善信託基金牽引下，中心與我們三間社會服務機構一起成立了「Open 噏」。

葉教授團隊帶領我們從眾多角度理解青少年自殺問題。過程中我們多次激烈討論，反覆辯證大數據背後所隱藏的意義、義務輔導員的可塑性，以及如何重整前線社工的實務經驗，以面對如海嘯般的救助浪潮。直到今天，討論的聲音仍然未間斷，我們依然在不斷的實踐和驗證中摸索前行，和無數年青人一起面對生命中種種艱難、憤怒、唏噓、悲傷和無奈。

在「Open 噏」平台上，每個文字都是年輕人的心聲，包含他們面對挫折或感到迷失時的焦慮和沮喪。教育制度以至社會，擅長複製一式一樣的「傑青」，卻從不會陪伴年輕人面對不被明白的孤獨、尋找生命的目的和價值，以及在挫敗和困苦中發掘可能的意義；加上主流論述和種種不公平制度不斷製造林林總總的失敗者標籤，結果令「成長」成為無數年輕人的夢魘。

當青年人緩緩細訴他們無法穿越的困境，無力地說出一個又一個傷痕累累的故事時，我們努力讓他們看見自己那道為夢想打拼的動人身影，以及在困境依然不放手、不放棄的價值。防止自殺的工作如投身茫茫大海，葉教授及其團隊和我們就像彼此的導航燈，嘗試在漆黑中為年輕人映照出眼前生命的可能性。

我們深信「the best way out is always through」，希望跟葉教授及其團隊在往後的日子裏繼續與青年人同行，重拾生而為人的那份與生俱來卻隱藏在內心深處的尊嚴與力量。

明愛青少年及社區服務總主任
陳偉良

（八）

　　十年前，枕邊人的離開讓我深深體會到生命的無常及珍惜當下的重要，亦讓我開始關注精神健康的議題，於是創立社聯伙伴基金，與不同社福機構合作，支持社會上有需要幫助的群體，願能陪着他們走過逆境，為生命帶來溫暖和希望。

　　2017年，香港大專學生的自殺個案超過二十宗，數字實在令人擔憂。我不禁思考，是什麼原因令年輕的莘莘學子了結寶貴的生命呢？自殺是一個複雜的現象，背後原因錯綜複雜，當中可能涉及學業問題、人際關係、情緒困擾等等，然而自殺的個案一宗也嫌太多，那時候，我問自己可以做些什麼以防止悲劇的發生。在與葉兆輝教授的一次會面中，他跟我分享了精神健康問題早期介入的重要性，正所謂「預防勝於治療」，早期的預防比起問題浮現後的介入更來得有效。基於對此理念的認同，以及對葉教授多年來醉心於防止自殺研究工作的信任，我們在同年合作展開了《與你同行》資助計劃，讓大專生做主導，關注學生的情緒健康，鼓勵求助行為。計劃反應非常正面，多間院校的大專生踴躍參與，透過不同形式，例如話劇、減壓工作坊、團體活動等，推廣精神健康的重要性，我尤其對中心同工 Daniel 和 Michelle 的努力十分欣賞。

　　於2019至2020年期間，受新冠病毒疫情影響，各類場所關閉，安老院、醫院等亦禁止外人探訪。無法與家人見面的孤獨感，對長者的情緒健康構成影響，更令人遺憾的是，長者自殺率有上升趨勢。有見及此，我與葉教授決定推行「跨代傳愛」計劃，盼透過小朋友的力量，為長者帶來歡樂，讓他們在「疫」境中感受到愛。計劃得到多所學校和機構的支持，獲得正面迴響，而中心同工 Trista 和 Wing 的全情投入，亦令計劃生色不少。一段段親子製作的短片、一張張手繪的心意卡、暖意洋洋的聖誕頌歌、精心手作的利是封，已足夠讓長者感到無比溫暖，展現久違的笑容，只要我們每個人都願意多做一點，主動關心身邊的人，影響生命的方式原來可以很簡單。

　　我希望藉此感謝香港大學香港賽馬會防止自殺研究中心團隊成員的協助，特別是葉兆輝教授的不遺餘力，與中心成員均抱着同一信念，投身於防止自殺的工作，關心社群的福祉，熱心推行多項計劃，讓計劃得以順利完成。我衷心期盼在未來的日子裏，能繼續與中心攜手合作，不斷創新探索更多有效的方法，幫助弱勢社群，令更多人受惠，「願陪着你」將愛和希望分享到社區中。

社聯伙伴基金創辦人
莫綺文

（九）

　　我在二十年前，即長洲度假屋常發生自殺事件的年代認識葉兆輝教授。葉教授過去二十年，一直抱持尊重生命、關懷別人的信念，努力為防止自殺工作盡心盡力。他當年找我商量傳媒可以在防止自殺工作上，協助做些什麼，討論在報導這類新聞時，是否可提供更多正面信息，引導公眾尊重生命、珍惜生命。結果我們因着共同信念，成為摯友，而我亦一直向葉教授學習。葉教授啟發了我，也讓我從他及香港大學香港賽馬會防止自殺研究中心的團隊身上學懂尊重生命、關懷別人，了解到關懷家人、同事、朋友，以及適時、適當給予親友情緒支援的重要。我從葉教授及他的團隊，了解到長者及青少年的需要，以及精神健康及公共健康對社會健康發展的重要性。

　　香港大學香港賽馬會防止自殺研究中心總監葉兆輝教授及中心的張鳳儀培訓顧問，合著的《願陪着你：從遺書尋找預防自殺的啟示》一書，讓讀者了解尊重生命的重要。其實無論是別人的生命，或是自己的生命，都是無價的，我們不應該因為仇恨或憤怒而作出傷害別人及傷害自己的行為。讀《願陪着你》，讓我們懂得尊重生命，懂得生命的意義，懂得管控自己情緒，懂得照顧和關懷別人的情緒，了解生命的真蹄。學習如何與家人、長者、學生、青少年同行，也學會如何與社區及香港同行。

　　這本書列舉了很多真實個案，探討了自殺這一社會問題，也道出自殺不能解決問題，惟有積極面對，尋求專業協助，才能對症下藥。這書也啟發了我們關懷身邊人，關懷社區對建設一個宜居的香港的重要性。作者就個案進行研究分析，每章節都加入了「增潤篇」和「勉勵篇」，為讀者提供了解決問題的方向，讓我們懂得積極面對問題，積極面對困惑，積極面對人生。作者在不同章節也道出對青少年的輔導方法及加強彼此了解和溝通的重要性。這也說明了對家人、長者、學生、青少年和朋友的肯定及讚賞，有助大家學會尊重別人和珍惜所有，和有助情緒受困擾的人士感受到被關心及認識珍惜生命的重要性，才不負家人、朋友的關懷。

　　讀《願陪着你》令我們明白良好溝通、懂得放下、諒解寬恕、欣賞和讚美，可令人看到藍天，令這地方變得美好，從而化解矛盾衝突，亦能讓人領略尊重生命、關懷別人可讓其人生變得精彩。這書適合不同年齡、不同專業、不同崗位及不同經歷的人士閱讀，為政者更不容錯過，因為能了解和認識到市民的心靈及精神需要，制定出好的政策。管治者必要能想市民所想，急市民所急，才能建設一個美好的香港，讓市民安居。感謝葉教授、張顧問

及香港大學香港賽馬會防止自殺研究中心團隊寫下此書，讓我們明白生命之可貴，了解尊重別人、尊重自己和尊重生命，是社會向前發展的要素。

新聞教育基金主席
陳淑薇

（十）

在創新科技發達的世代，人與人的溝通不受地域阻隔，變得快捷方便，但卻缺乏了面對面溝通時的那種連繫和感覺。面對面的傾聽和鼓勵，總比在網絡社群上按一個「讚」或留言更能讓對方感受到關懷。

很多時候有輕生念頭的人並非真的想結束自己的生命，而只是想從當下的痛苦中解脫。如果他們在感到絕望無助時，有人主動伸出援手，以同理心為溝通基礎，讓他們感受到被明白、被理解、被認同，負面情緒得以紓緩，就能以理性、正向的思維面對當前困局，尋找解決方法，而不會選擇自殺。

青少年在成長期間面對不同考驗，承受學業、家庭、朋輩的壓力，但往往不善於表達個人情感，在缺乏家人、朋友的關心下，容易感到憂慮、困惑，甚至絕望，最終演化成極端的自殺行為。如果家人、老師、朋友等可以及早發現身邊人的情緒問題，主動關懷及協助其尋求專業意見，提供適切的協助，將有效阻止自殺的悲劇發生。因此，社會上若有完整的支援網絡，幫助飽受情緒及精神困擾的人士走出陰霾，有助降低自殺率。

香港大學香港賽馬會防止自殺研究中心成立已二十年，期間積極研究自殺者的自殺原因、主動介入和阻止自殺行為，紓解自殺者家屬及親友的心靈創傷，其貢獻及成果有目共睹。相信中心可憑藉多年積累的經驗，在未來繼續「願陪着你」，做到「We Share, We Care, We Connect」，共享、關愛、結伴走出逆境。

會德豐地產（香港）有限公司常務董事
「學校起動」計劃基金會委員會委員
「伙伴倡自強」社區協作計劃諮詢委員會主席
黃光耀

（十一）

　　我很榮幸獲邀請為《願陪着你》寫勉勵。自殺是忌諱的話題，但亦是我們每個人都必須認識及了解的題目。差不多每天的新聞都有各式各樣自殺的報導，有時令人感到人生無常，但亦可能使人會感到麻木或見怪不怪。

　　人的生命比世上一切財寶更貴重，每一個人都是生而自由平等，是獨立的，不應該隨便結束或放棄自己的生命；相反我們又可否給予自己多一個正面而積極的選擇，即嘗試忘記背後，重新振作，不要嫌棄自己，不要再認為生存於世上只是痛苦或是成為別人的負累。

　　坊間有不少關於自殺及生死教育的書，而這本書卻是非常獨特的。此書由葉兆輝教授及多位學者專家從不同個案、經驗及角度探索自殺行為及思想，以及解釋應如何協助當事人面對困境及預防自殺，讓我們能夠更了解明白有關人士的內心世界、困擾及掙扎。內容精彩，深入淺出，實為不可多得的好書籍及寶貴資源，本人謹以至誠推介，深信讀者必在其中有所得益。

　　認識生命，了解自殺，大家會更愛惜生命以及更珍重身邊的親人與好友。人與人之間多點了解、愛心和關懷，這個社會將更美好。

香港大學香港賽馬會防止自殺研究中心副總監
廖廣申

（十二）

　　每次從媒體上看到青年自殺的新聞，總會令人感慨。在每個選擇輕生的故事背後，總會喚醒我們重新定義「關懷」，提醒我們對身邊的人的關心是否足夠。青年的抗逆力是我們需要關心的議題，除了希望在教育上將社交情緒能力列入教育的目標之外，各個持份者應怎樣行前一步，把他們從一念之差中拉回來呢？

　　從近年 15 至 24 歲組群青年人的死亡數字顯示，自殺是此組群的頭號殺手。這個年齡層的青年，除了要面對學業的壓力，同時亦要面對未來前路的抉擇。加上 2020 年開始受到新冠肺炎的衝擊，更有可能面對突如其來的失業，在種種的壓力之下，當其感到軟弱無助的時候，發現適切的關懷及幫助原來多麼重要。

　　葉教授與其研究團隊在過去二十年，與一眾專家學者及各機構收集自殺行為的數據及資料，研究適切及適時的防止自殺方法，希望推廣到不同階層，讓大眾認識自殺者的求助信號，從而及早拯救站在懸崖邊緣的生命。

　　「I'm not fine」並不需要感到羞愧。書中的真實個案，其實都是你和我身邊的日常。透過這些個案的分享，提醒了我們這個世界上沒有解不開的結，有時候只是時間的問題，當你嘗試放開一點，轉個彎或許就是一條廣闊的道路，只要還活着，總有機會看到那道光。

　　「退一步海闊天空」，一句大家耳熟能詳的諺語，表面上是寬容的意思，背後深層的意義，我會理解為「機會」。我特別認同研究中心標誌寓意「共行」的理念，因為只要手牽手一起面對，沒有困難是解決不了的。共行的人若能及早給予關懷，肯定可以將結局改寫。退後一步其實是給自己一個重生的機會。

　　在此，我祝願香港大學香港賽馬會防止自殺研究中心能夠繼續以行動去關心社會，加強大眾防止自殺的意識，並關懷身邊的人，從而一起攜手合作，宣揚愛惜生命精神。

青年發展委員會副主席
劉鳴煒

結語

活在當下，細味人生（Carpe Diem）

葉兆輝

　　自殺是一件複雜的事情，不可簡略為單一原因所引致。雖然書中的故事改編自真實個案，但都不能完整地展示出輕生者真正的自殺理由。同事們透過多年來對防止自殺研究的努力，一一把其心得和體會都記錄在書中的故事、增潤篇和勉勵篇裏。我們希望透過自身的經歷和遺書的信息，配合專業的知識，深入淺出，讓社會大眾對本港自殺情況有更具體的認識。

　　最後，請讓我分享一則在港鐵巧遇一位堅毅年青人的故事來鼓勵讀者。

　　有一天，我乘坐港鐵時，遇上一位行動不便的年青人。他坐在輪椅上，看上去手腳似乎都不能活動，唯有靠着嘴唇去推動控制桿移動輪椅。我不知道他是天生殘缺，還是後天造成，但看着他與友人談笑風生，我心中頓時有一種莫名的感受，慨歎這位三十還未出頭的年青人，就要面對生命中這麼多的障礙，不知道他有沒有一刻曾想過放棄。然而，我眼前的他，看不出任何怨愁和惱恨，縱然行動不便，他仍從容的活着，與身邊的友人談笑風生，無分彼此，十分投契。我深信他就是一個能好好地活在當下的明證。

　　「活在當下，才能細味人生」，突然腦海裏想起這句句子。

　　不管明天如何，即使知道又如何。任何人都不能掌管明天，倒不如踏實過好今天，明天就等明天再去面對吧！儘管面前的工作、感情、生活未必如願，請記得在永恆的銀河中，也許會看到自身的足跡。儘管對身邊的人和事未必有很大的影響力，請記得只要活下去，也許會找到生命中的美善和趣味。不要辜負上天賜予生存的權利，盡己責任，好好地走一回。

　　請大家謹記，無論生命遇上任何挑戰，只要咬緊牙關，一步一步的走下去，總有一天，當你驀然回首，一定會驚嘆自己的勇氣和毅力，並毫不猶疑地給自己送上一個「讚」。

　　共勉之。

附錄一：24 小時情緒支援熱線

機構及服務名稱	聯絡方法	服務對象
賽馬會青少年情緒健康網上支援平台——Open 噏	http://www.openup.hk SMS：9101 2012 WhatsApp：9101 2012	11-35 歲年青人
生命熱線	電話：2382 0000	所有人士
明愛向晴熱線	電話：18288	所有人士
東華三院芷若園熱線	電話：18281	所有人士
利民會《即時通》	電話：3512 2626	所有人士
香港撒瑪利亞防止自殺會熱線	電話：2389 2222	所有人士
撒瑪利亞會熱線（多種語言）	電話：2896 0000	所有人士
協青社	電話：9088 1023 WhatsApp：9088 1023 （晚上 9 時至翌日早上 6 時）	學生及青年
社會福利署熱線	電話：2343 2255	所有人士
醫院管理局精神健康專線（24 小時精神健康熱線諮詢服務）	電話：2466 7350	所有人士

附錄二：作者簡介

(作者排名根據文章次序編排)

感謝過去二十載有不少同路人願意加入預防自殺的使命當中，相信無論現在身處哪個崗位，這份使命都是不會改變的。

作者姓名	現時職銜	主要參與的計劃
葉兆輝	香港大學香港賽馬會防止自殺研究中心總監	
張鳳儀	認證心理輔導師 香港大學香港賽馬會防止自殺研究中心培訓顧問	優質教育基金《青少年精神健康預報系統及早期介入》計劃 何鴻毅家族基金《「有計傾」家庭和諧家長工作坊》 賽馬會青少年情緒健康網上支援平台——Open 噏
鄭嵐	政府行政助理	香港離婚現象之研究
鄧琳	嶺南大學助理教授	賽馬會青少年情緒健康網上支援平台——Open 噏 「安樂死」研究
許麗澤	香港大學教育學院融合與特殊教育研究發展中心培訓經理 教師支援專家	優質教育基金《培養學生正面態度和價值觀》主題網絡計劃
沈君瑜	臨床心理學家	優質教育基金《培養學生正面態度和價值觀》主題網絡計劃 優質教育基金《青少年精神健康預報系統及早期介入》計劃
龍偉民	註冊社工	優質教育基金《培養學生正面態度和價值觀》主題網絡計劃 優質教育基金《青少年精神健康預報系統及早期介入》計劃

作者姓名	現時職銜	主要參與的計劃
黎淑怡	全職媽媽	優質教育基金《培養學生正面態度和價值觀》主題網絡計劃 《與你同行》資助計劃 「青少年友伴同行」計劃 「友伴同行」學習計劃 優質教育基金贊助的心理健康教育計劃等
梁穎姿	臨床心理學家博士生	優質教育基金《培養學生正面態度和價值觀》主題網絡計劃 《與你同行》資助計劃
葉蔚林	教育心理學家	Connecting Vulnerable Youths by Activating their Social Network by Hong Kong Bank Fund
郭瑛琦	香港理工大學康復治療科學系助理教授（研究）	貧窮研究、香港離婚現象之研究、香港幼兒教育研究、香港長者精神健康研究等
蔣柏倫	建築師 數據分析師	賽馬會青少年情緒健康網上支援平台——Open 噏 優質教育基金《青少年精神健康預報系統及早期介入》計劃
黎翠珊	註冊社工 香港大學香港賽馬會防止自殺研究中心項目主任	防止自毀——東區社區共融計劃 長洲社區預防自殺計劃 愛・希望 @ 北區心理健康促進計劃 凱瑟克基金《Pocket Jelle》手機應用程式 賽馬會耆樂「友」心社區計劃
熊曉梅	香港大學香港賽馬會防止自殺研究中心項目經理	賽馬會青少年情緒健康網上支援平台——Open 噏 幼兒照顧服務的長遠發展研究
陳淑婷	銀行高級數據分折師	「以一分鐘，改變一生」防止自殺短片比賽
羅亦華	香港大學社會科學學院副教授 香港大學香港賽馬會防止自殺研究中心副總監